question and answer

Q&A
民事信託の活用と金融機関の対応

弁護士 **笹川豪介**
Gosuke Sasakawa

経済法令研究会

はしがき

　昨今、信託のうち信託銀行・信託会社以外の人が受託者となる、いわゆる民事信託の利用が急増しています。信託については、財産転換機能、倒産隔離機能等の機能があり、適切に利用すれば、使い勝手がよいだけでなく、他の法制度にはない特徴を活かしたさまざまな活用方法が考えられます。

　一方で、いわゆる民事信託の利用に関しては、必ずしも信託の専門家が関与しないことにより、利用者のニーズを十分に満たさない、あるいは不十分な内容となることもありうるものです。特に、ほぼすべての信託で信託財産となるであろう金銭の管理を行う預貯金については、金融機関側の目線での確認が必須であり、かかる目線からのチェックまでできる人は未だあまり多くないのが実情ではないかと思われます。

　そこで、本書では、これらの課題について一冊で解決できるようにすべく、①信託、②民事信託、③民事信託における金融機関との関わりという3つの観点で、初心者にもわかりやすく要点について一から解説を行っています。信託の基礎は十分理解しているということであれば②から、民事信託についても十分理解・経験があるということであれば③から読んでいただいてもよいようになっていますので、読み手の方の前提知識や経験により、読みやすいところから読んでいただければと考えています。

　これらすべての観点を網羅して説明した書籍は本書発行時点ではほとんどないように思いますので、民事信託のアドバイスを行う各専門家や金融機関の職員、あるいは民事信託の当事者やその利用を検討する方、いずれにとっても有益な書となっているのではないかと思います。

　本書が、民事信託に携わるさまざまな方の役に立ち、ひいては民事信託を含む信託の健全な発展に少しでも寄与することができれば、望外の喜びです。

最後に、これまで十数年にわたり信託の基礎から実務に至るまでさまざまなことを教え、指導いただいた三井住友信託銀行の田中和明氏、また、実務で共に研鑽いただいている同社法務部・プライベートバンキング部や関連各部、さらに岩田合同法律事務所の皆様、殊に私的な時間を割いて本書の内容を精査し意見をいただいた同事務所の猪股紀子氏には大変なお世話になり、感謝の意を表したいと思います。また、私が書籍・雑誌の執筆等を始めた当初から十年来のお付き合いをいただき、初の単著の執筆の機会を与えていただいた地切修氏をはじめとする経済法令研究会の皆様にも、厚く御礼を申し上げる次第です。

　2018年6月

笹川　豪介

目　次

第1章　信託の基本的なしくみ

第1節　信託とは

- Q1　信託とはどのようなものですか。そのしくみを簡単に教えてください。 …………………………………………………………… 2
- Q2　信託に関する法律と信託の種類について教えてください。 … 8
- Q3　信託にはどのような特徴があるのですか。 ………………… 12
- Q4　信託の歴史について教えてください。 ……………………… 15
- Q5　信託目的について教えてください。 ………………………… 19
- Q6　信託の設定はどのようにするのですか。 …………………… 23

第2節　信託財産

- Q7　信託財産について教えてください。 ………………………… 28
- Q8　信託であることを第三者に主張するためにはどのようにすればよいですか。 ………………………………………………… 32
- Q9　信託財産と信託財産以外について区別できなくなった場合はどうなるのですか。 ……………………………………………… 37
- Q10　信託財産とその信託財産以外の財産の間で共有する財産について問題が生じた場合、どのように解決するのですか。 … 41
- Q11　信託財産に差押え等がされた場合や信託の当事者が破産した場合でも信託財産は守られるのですか。 ……………………… 43
- Q12　信託財産に属する債権等について相殺は通常と同様に行うことができるのですか。 ………………………………………… 46

第3節　民事信託とは

- **Q13**　民事信託とはどのようなものですか。どのような目的に使われるのですか。 …………………………………………………… 51
- **Q14**　民事信託のメリット・デメリットについて教えてください。 52
- **Q15**　民事信託と金融機関との関わりについて教えてください。… 55

第4節　受託者

- **Q16**　受託者には誰でもなれるのですか。 ……………………………… 57
- **Q17**　受託者の権限について教えてください。 ………………………… 58
- **Q18**　受託者の義務にはどのようなものがありますか。 …………… 61
- **Q19**　受託者の忠実義務とは何ですか。 ………………………………… 65
- **Q20**　受託者の分別管理義務とは何ですか。 …………………………… 72
- **Q21**　信託事務について受託者は第三者に委託できるのですか。… 74
- **Q22**　受託者の報告義務・帳簿作成義務とは何ですか。 …………… 77
- **Q23**　受益者の帳簿閲覧等・受益者情報の開示請求権について教えてください。 ……………………………………………………………… 78
- **Q24**　受託者が義務違反をした場合の責任について教えてください。 ……………………………………………………………………………… 80
- **Q25**　信託事務のための費用が不足する場合、どうすればよいのですか。 …………………………………………………………………… 83
- **Q26**　信託報酬については契約書等で記載しなくてももらえるのですか。 …………………………………………………………………… 86
- **Q27**　受託者の任務はどのような場合に終了するのですか。 ……… 87
- **Q28**　受託者の変更による引継ぎについて教えてください。 ……… 89
- **Q29**　受託者が複数の場合、どのような役割分担になるのですか。 ……………………………………………………………………………… 93

第5節 受益者・委託者等

- **Q30** 受益者はどのような権利を持っているのですか。 …………… 98
- **Q31** 受益者の指定権・変更権とは何ですか。 ………………… 110
- **Q32** 遺言代用信託とはどういうものですか。 ………………… 112
- **Q33** 後継ぎ遺贈型受益者連続信託とはどういうものですか。 … 114
- **Q34** 受益者が複数いる場合の留意点について教えてください。… 118
- **Q35** 受益権についてはどのような処分ができるのですか。 …… 123
- **Q36** 受益者の権利を守る受益者以外の当事者について教えてください。 ……………………………………………………… 125
- **Q37** 委託者は信託設定後、どのような権利を持っているのですか。 ……………………………………………………………… 131
- **Q38** 委託者の地位が移転・承継することはあるのですか。 …… 135

第6節 信託の変更・終了

- **Q39** 信託の変更はどのように行うのですか。 ………………… 136
- **Q40** 信託の併合とは何ですか。 ………………………………… 138
- **Q41** 信託の分割とは何ですか。 ………………………………… 141
- **Q42** 信託はどのような場合に終了するのですか。 …………… 143
- **Q43** 信託の清算について教えてください。 …………………… 146
- **Q44** 信託終了後の信託財産の帰属について教えてください。 … 148

第7節 特殊な信託

- **Q45** 受益証券発行信託とは何ですか。 ………………………… 151
- **Q46** 限定責任信託とは何ですか。 ……………………………… 153
- **Q47** 目的信託とは何ですか。 …………………………………… 155
- **Q48** 公益信託とは何ですか。 …………………………………… 157

第2章 民事信託の概要

第1節 民事信託とは

- **Q49** 今、民事信託が注目されているのはなぜですか。………… 162
- **Q50** 民事信託の具体的な活用事例を教えてください。………… 164
- **Q51** 民事信託の設定手続の流れについて教えてください。…… 167
- **Q52** 民事信託の設定方法について教えてください。…………… 169
- **Q53** 信託財産について何か留意点はありますか。……………… 171
- **Q54** 信託の変更・終了の仕方について何か留意点はありますか。 ……………………………………………………………………… 173

第2節 民事信託と他の資産管理・承継制度との違い・組み合わせ

- **Q55** 民事信託に関する類似の制度と信託の違いについて教えてください。……………………………………………………… 176
- **Q56** 後見制度との違い・組み合わせについて教えてください。… 180
- **Q57** 遺言との違い・組み合わせについて教えてください。…… 183
- **Q58** 遺言代用信託との違い・組み合わせについて教えてください。 ……………………………………………………………………… 185

第3節 民事信託の当事者

- **Q59** 民事信託では委託者が複数になることもあるのですか。… 187
- **Q60** 受託者の決め方について教えてください。………………… 189
- **Q61** 民事信託の受託者の任務の終了と解任の際の留意点について教えてください。………………………………………… 191
- **Q62** 受益者や帰属権利者等の定め方について教えてください。… 193
- **Q63** 信託監督人・受益者代理人はどのような場合にどちらを選任すべきですか。……………………………………………… 196

第4節　民事信託の内容・当事者の変更

- Q64　信託財産の給付・運用について教えてください。………… 198
- Q65　民事信託において受益権の譲渡や放棄はできますか。…… 200
- Q66　当事者に変更があった場合にはどのようにすればよいのですか。……………………………………………………………… 202
- Q67　民事信託で信託の併合・分割を行うことはあるのですか。… 204
- Q68　民事信託に税金はかかりますか。……………………………… 206

第5節　民事信託における留意点

- Q69　民事信託と利益相反について教えてください。……………… 210
- Q70　民事信託と遺留分侵害について教えてください。…………… 214
- Q71　民事信託と業法について教えてください。…………………… 217
- Q72　受託者による信託の利益の享受の問題点について教えてください。……………………………………………………………… 218
- Q73　民事信託に関するその他の問題点について教えてください。 220

第3章　民事信託と金融機関の実務対応

第1節　総　論

- Q74　民事信託と金融機関の関わりについて教えてください。… 224

第2節　預金口座開設

- Q75　受託者名義の口座開設をする理由について教えてください。 226
- Q76　金融機関から見た口座開設時の注意点について教えてください。……………………………………………………………… 228
- Q77　口座開設後の預金取引に係る注意点について教えてください。……………………………………………………………… 232

| Q78 | 預金に関するオプションサービスとの関係での留意点について教えてください。 | 233 |
| Q79 | 預金債権自体を信託財産とすることはできるのですか。 | 234 |

第3節　金融商品の勧誘・販売

Q80	受託者による金融商品の購入について教えてください。	235
Q81	受託者が金融商品を購入する場合の適合性原則等について教えてください。	237
Q82	受託者が死亡した場合の金融商品の取扱いはどのようにすべきですか。	239

第4節　融資取引

Q83	民事信託の受託者による借入れについて教えてください。	241
Q84	民事信託の受託者による借入れの際の留意事項について教えてください。	243
Q85	民事信託の受託者による借入期間中の留意事項について教えてください。	246
Q86	民事信託の終了時の受託者による借入れの取扱いについて教えてください。	250

第5節　その他の取引

| Q87 | 受託者名義の取引についてその他何か取引はできるのですか。 | 252 |

第1章

信託の基本的なしくみ

第1章　信託の基本的なしくみ

第1節
信託とは

Q1 信託とはどういうものですか。そのしくみを簡単に教えてください。

■■ 解　説 ■■

1　信託とは・信託の特徴

(1) 信託の基本要素

　信託とは、契約・遺言等により特定の者が一定の目的（専らその者の利益を図る目的を除く）に従い財産の管理・処分その他の目的達成のために必要な行為をすべきとすることをいいます（信託法（以下、単に「法」という）2条1項）。

　ここで、信託に際して財産を信託（拠出）する者を委託者、その信託（拠出）を受けて財産の管理・処分等を行う者を受託者、信託による利益を享受する者を受益者といいます（図表1－1）。受託者は、信託に際して拠出される財産の財産権を取得し、これにより、自身が元来有する財産（固有財産）とは別に、信託に際して拠出され、管理・処分の対象となる財産（信託財産）を有することになります。

　受益者は受託者に対して信託財産（注1）の引渡し等の給付債権（受益債権）を有し、受益債権とこれを確保するために受託者等に対して一定の行為を求めることができる権利をあわせて受益権といいます（同条7項）。

【図表1－1】信託の関連当事者等

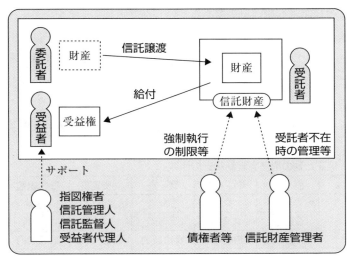

(2) 他の制度と比較した信託の特徴

信託においては、管理・処分等の対象となる財産の（所有権等の）財産権が委託者から受託者に移転します。この点で委任者から受任者への財産権の移転を伴わない委任や寄託とは異なります。

消費貸借との関係では、信託も消費貸借も、対象物の所有権が受け取る側（受託者・受寄者）に移転するという点では類似するものです。一方で、信託では受託者が受益者のために財産の管理・運用等を行うため、受益者が利益享受の主体となるのに対して、同じく財産の所有権を移転させる消費寄託では、受寄者のためになされる（受寄者が利益享受の主体となる）点で異なります。

信託では受託者に移転した財産について、受託者の固有財産とは別個の財産（＝信託財産）に属するものとして保護され、この点で匿名組合出資（商法535条）と異なります。すなわち、信託財産に対しては、特に信託財産により弁済するものとされている場合を除き、強制執行等をすることができません（法23条1項）（注2）。その点では法人格を有する会社等と類似する面を有しますが、信託では独立した法人格は存在せず、そのた

め遺言・契約等比較的簡易な方法での設定が可能であり、機関の設置や成立要件としての登記等も原則不要であるという点で異なります。

以上を含め、信託と他の制度である代理（委任）、寄託、消費寄託、匿名組合の異同について、契約当事者、契約の性質、移転内容、財産の帰属、管理（・処分）権の帰属、効果帰属、利益享受の主体の観点からまとめたものが図表1－2となります。

なお、特に民事信託に関する類似制度との比較については、第2章第2節で取り上げます。

【図表1－2】信託と他の財産管理制度との比較

制　　度	信　託	代　理	寄　託	消費寄託	匿名組合
契約当事者	委託者	本人	寄託者	寄託者	匿名組合員
	受託者	代理人	受寄者	受寄者	営業者
契約の性質	諾成契約	諾成契約	要物契約	要物契約	諾成契約
移転内容	財産＊	移転せず	占有権	所有権	財産＊
財産の帰属	受託者の信託財産	本人の固有財産	寄託者の固有財産	受寄者の固有財産	営業者の固有財産
管理（・処分）権の帰属	受託者	本人および代理人	受寄者	受寄者	営業者
効果帰属	受託者	本人	受寄者	受寄者	営業者
利益享受の主体	受益者	本人	寄託者	受寄者	匿名組合員

＊ 所有権、債権等、金銭的に評価し得るものすべてが含まれます。

（注1）本書では、便宜的に、特に必要な場合を除き、固有財産に属する財産のことを固有財産、信託財産に属する財産のことを信託財産と称します。
（注2）他の規律とあわせて、信託財産は委託者・受託者・受益者のいずれの倒産からも隔離されており、これを信託の倒産隔離機能といいます。

信託の一生

信託はその設定方法に応じて、契約の締結、遺言の効力発生等により効力が発生して成立し（法4条）、信託目的の達成や費用不足（注3）、信託契約に定めた事由の発生等の一定の事由の発生により終了します（法163条～166条）。信託終了後は清算受託者による清算がなされ、清算事務の

第1節　信託とは

【図表1-3】信託の一生

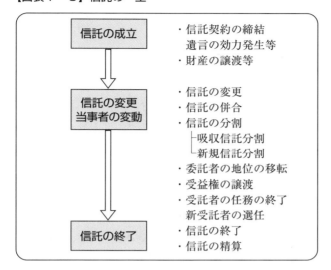

結了により消滅します（図表1-3）。

　成立から終了までの間において、当事者の合意等による変更・併合・分割があり得ます。ここで、分割には吸収信託分割と新規信託分割がありますが、併合については会社のように吸収合併と新設合併に分かれておらず、すべて新設合併に類する位置づけのものとなっています。併合・分割においては、会社の組織再編と同様、債権者保護手続や反対受益者の受益権取得請求権の制度が整備されています。

　また、当事者の変動も生じ得ます。受益権の譲渡等により受益者の変更が、委託者の地位の移転により委託者の変更がなされるほか、受託者については、死亡、後見や破産手続の開始、辞任・解任等により任務が終了します。死亡によって任務が終了するため受益権・委託者の地位のような相続の問題は発生せず、辞任・解任も含めて受託者の任務終了は信託の終了事由となっていないため、受託者がいなくなっても信託は有効に存続します（ただし、受託者がいない状態が1年間継続すると信託は終了します（法163条3号））。

（注3）費用不足の場合には受託者の信託終了の意思表示によって信託が終了し

ます（法163条4号）。

 信託の関連当事者

(1) **関連当事者と信託の類型**

信託では、前記のとおり、委託者・受託者・受益者が基本的な登場人物となります（図表1-1）。

特に委託者と受益者が同一の者である信託を自益信託、そうでない信託を他益信託といい、委託者と受託者が同一の者である信託を自己信託といいます。信託は受託者が受益者のために財産を管理・運用するもので受託者と受益者が完全に同一となることは通常想定していないので、受託者が受益権の全部を固有財産で有する状態が1年間継続したときには、信託は終了します（法163条2号）。このほか、受益者が存しない信託を目的信託といいます。

委託者・受託者・受益者がそれぞれ複数いることもあるため、特に受託者が複数いる場合に関しては財産権の帰属や職務分掌・事務処理等について、受益者が複数いる場合に関しては意思決定について、信託法で規定を置いています。

(2) **当事者の権限・義務**

信託については、信認関係に基づき受託者が財産権やその管理等の権限を有するものであることから、信託法では、受託者に対して種々の義務を課しています。代表的なものとしては、善管注意義務（法29条2項）、利益相反行為（法31条）や競合行為（法32条）の制限を含む忠実義務（法30条）、分別管理義務（法34条）、帳簿作成・保存義務（法37条）が挙げられます。

一方、受益者は、受託者を監視・監督するための権限として、帳簿閲覧請求権（法38条1項）や裁判所に対する受託者解任（法58条4号）等の申立権等を有しています。これらのうち、一定の重要な権利については、

信託契約等による制限をすることはできないものとされています（法92条）。

(3) その他の登場人物

信託の登場人物としては、上記のほかに、受益者のために置かれる信託管理人（法123条）、信託監督人（法131条）、受益者代理人（法138条）、指図権者（信託業法65条）や、信託財産の管理のために置かれる信託財産管理者（法64条）がおり、その役割は主に以下のとおりです。

- **信託管理人**：受益者が現に存しない場合に受益者の権利に係る行為をする。
- **信託監督人**：受益者が現に存するものの高齢者・未成年である等受託者の監督を適切に行えない事情がある場合に監視・監督に関する権利の行使をする。
- **受益者代理人**：受益者の頻繁な入れ替わり、多数化等に対応して受益者保護・円滑な事務処理をするために受益者を代理する。
- **指図権者**：受益者に代わって信託財産の管理・処分方法について指図を行う。
- **信託財産管理者**：受託者の任務終了後、新受託者が選任されるまでの間信託財産を管理する。

また、信託そのものの登場人物ではありませんが、信託契約の締結に関して（信託会社等の代理人として）信託契約の締結の代理または媒介を行う信託契約代理店（信託業法2条9項）がおり、信託業法での規制が行われています。

Q2 信託に関する法律と信託の種類について教えてください。

■■ 解 説 ■■

1 信託に関する法律の概要

(1) 信託法

信託法は信託に関する一般法であり、信託全般に広く適用されます。

信託法については全面改正された現在の信託法が平成19年9月30日に施行され（注）、施行前の旧信託法に基づき設定された信託を旧法信託、施行後の現在の信託法に基づき設定された信託を新法信託といいます。

(2) 信託業法・兼営法

信託業法は信託の引受けを行う営業に関する法律で、信託会社や指図権者に適用される義務等について規定しています。信託業法では、信託業を営む場合の免許・登録義務や信託契約締結時の書面交付義務等の行政法規としての義務について規定するほか、信託法でも定めのある善管注意義務や信託の変更等に関して、私法上の効力を有する特則につき規定しています。

金融機関の信託業務の兼営等に関する法律（以下「兼営法」という）は、金融機関が信託業務を兼営する場合に関する法律で、当該金融機関に適用される義務等について規定しています。兼営法2条1項では信託業法が広い範囲で準用されています。

(3) 金融商品取引法

金融商品取引法では、信託受益権を有価証券とみなす旨規定し（金融商品取引法2条2項1号）、また、その仲介業については第二種金融商品取引業に該当するものとして、行為規制等の各種の規制について規定してい

ます。

(4) その他

　以上の他にも信託に関しては特別法・特別規定が種々設けられています。たとえば、投資信託及び投資法人に関する法律では投資信託についての規定が設けられており、会社法施行規則では受託者が信託財産のために発行する信託社債について規定されています。

　また、信託に関する法律ではありませんが、民事信託の受託者が業として（反復継続して）行うと規制が生じうる法律として、宅建業法等が考えられます（民事信託とこのような法律については、Q71で詳しく説明します）。

(注)　正確には、旧信託法のうち、公益信託に関連する部分のみを「公益信託ニ関スル法律」として残し（それ以外の条項がすべて削られ）、別途、現在の信託法について新しい法律として制定されました。

信託の類型

(1) 信託の方法

　信託については、委託者と受託者の契約（法3条1号）、委託者の遺言（同条2号）、委託者が公正証書等で行う（自己の財産の管理・処分等を自ら行う旨の）意思表示（同条3号）のいずれかの方法によって設定されます。

　これらは、設定方法に応じて、それぞれ、契約信託、遺言信託、自己信託と呼ばれます。信託法では、契約信託をデフォルトのものとしつつ、遺言信託の場合には信託の効力発生時に委託者がいないことを前提とした修正、自己信託の場合には委託者と受託者が同一人物であることによる不当な執行免脱を回避するための修正等について規定されています。

(2) 特殊な類型の信託

　信託では、その目的等に応じて種々の規定を設け、あるいは、さまざまな財産を信託財産とすることが可能となっており、これらについては、特

殊な類型の信託として法律上または実務上呼称が設けられています。

民事信託で多用される信託としては、委託者の死亡の時に受益者となるべき者として指定された者が受益権を取得する旨等の定め（法90条1項）のある信託を遺言代用信託、受益者の死亡により他の者が新たに受益権を取得する旨の定め（法91条）のある信託を後継ぎ遺贈型受益者連続信託があります。

それ以外にも、受益証券を発行する旨の定め（法185条1項）のある信託を受益証券発行信託といい、受託者がその信託における債務のすべてについて、信託財産のみをもってその履行の責任を負う旨の定め（法216条1項）とその登記のある信託を限定責任信託といいます。

また、信託の対象とする財産に関しては、債務を信託設定と同時に受託者が引き受けることで事業ごと信託の対象とする信託を事業信託といい、債権者を受益者として担保権を信託財産とする信託をセキュリティ・トラストといいます（セキュリティ・トラストについて図表1－4）。

このほか、信託法に特別の規定があるわけではないものの、社会的要請等により生まれた信託商品も数多く存在します。最近のものとしては、一定の教育資金の贈与を非課税としていることに関し贈与金の使途の確認をするため、払戻金相当額が教育資金に充てられていることの確認までを行うこととした教育資金贈与信託や、後見制度に関して被後見人の財産を保護するため、払戻しに家庭裁判所からの指示書を必要とした後見制度支援信託等がこれに該当します。

これらの商品は、特に信託銀行で取り扱われており、信託銀行で取り扱う商品においては、合同で運用される金銭信託商品をベースとしつつ事務手続等に関して特約を設けることで、それぞれの商品において必要となる事項を充足するようにカスタマイズされています。

第1節 信託とは

【図表1−4】セキュリティ・トラスト

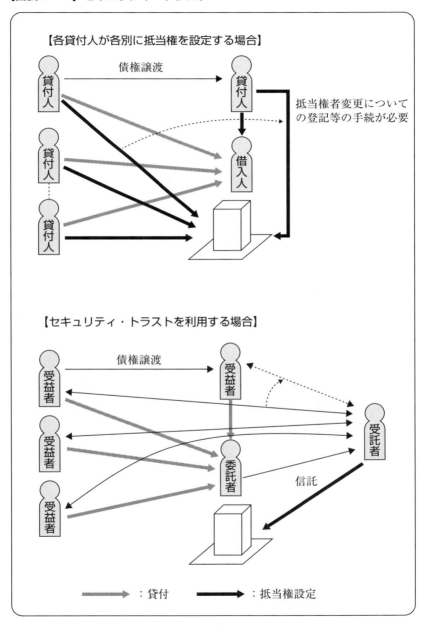

Q3 信託にはどのような特徴があるのですか。

■■ 解 説 ■■

1 信託の特徴

信託の特徴について、特に他の制度との比較としてはＱ１で触れたとおりです。

信託については、他の制度と共通する特徴である①財産の管理・承継のほかに、②権利者・財産権の転換、③倒産隔離という代表的な特徴・機能があります。

2 財産の管理・承継

信託については、その代表的な特徴として、財産の管理・承継の機能を有しているという点があります。

たとえば、前述の教育資金贈与信託は、孫等の教育資金として祖父母等が信託銀行等に金銭等を信託し、教育資金として給付を受けることで、一定の範囲で贈与税が非課税になる信託です。この信託で、受託者である信託銀行等は、受託した財産を管理しつつ、孫等に承継する機能を果たしています。

また、後見制度支援信託については、事理弁識を欠く常況にある成年被後見人の法廷代理人である成年後見人から、委託者の代理人として金銭が信託銀行等に信託され、受託者である信託銀行等は、家庭裁判所からの指示書に基づいて信託財産である金銭の給付をするものです。この信託で、受託者である信託銀行等は、受託した財産を管理して、家庭裁判所の指示

第1節　信託とは

書に基づき財産を給付することで、管理機能を果たしています。

 権利者・財産権の転換

　信託における転換機能には、権利者の転換と財産権の転換があります。

(1) 権利者の転換

　権利者の転換とは、財産権が委託者から受託者に転換することです。この権利者の転換により、権利者の属性が転換するだけでなく、権利者の数の転換をすることもあります。属性の転換では、帰属主体が変更されることにより、財産管理能力・経済的信用力が異なるため、これが転換すること、また、自然人から法人へ転換すること等があります。権利者の数の転換では、受託者を複数とすること、受益者を複数とすること、逆に委託者が複数であったものについて受託者を単一とすること等により、形式的、実質的権利者の数を転換させることが可能となるものです。

(2) 財産権の転換

　財産権の転換では、既存の財産権の性状を転換することが考えられます。たとえば、委託者の不動産や動産を信託受益権という債権的な権利に転換する、高額な財産について信託して信託受益権を複数に分割する、投資家のニーズに応じて優先・劣後関係を設けることにより複層化する等の方法で、財産の譲渡可能性を高め、性状を転換することが考えられます。特に譲渡可能性を高める信託として、受益権を有価証券化する受益証券発行信託を用いることが考えられ、この信託では、株式・社債のように振替制度を利用することもできます。

 倒産隔離

　信託の成立により委託者から受託者に財産権が移転します。これにより、詐害信託等に該当しない限り、委託者の債権者は信託財産に差押え等をすることはできなくなり、委託者の倒産から隔離されます。信託の利益

を享受する受益者についても、受益権を有することから、受益者の債権者は受益権に対する差押え等は可能となりますが、信託財産自体に差押え等をすることはできなくなり、受益者の倒産からも隔離されます。

さらに、受託者に関しても、信託の登記・登録等の公示制度の利用や分別管理義務の履行により、受託者の固有財産に対する債権者は信託財産への差押え等ができなくなり、受託者の倒産からも隔離されます。

以上のとおり、信託の成立により、委託者・受益者・受託者どの立場の者が倒産したとしても、信託財産は、その倒産から隔離されることになります。唯一、信託財産を引当てとすることができる信託債権（Q7参照）を有する債権者のみ、信託財産に対する差押え等が可能となるものです。

第1節　信託とは

Q4 信託の歴史について教えてください。

■■ 解　説 ■■

1　信託の起源と日本の信託の始まり

　信託は、他の人を信頼して財産を託すという制度ですので、私有財産がある程度認められるのであればどこでも発生しうるもので、信託の起源には、諸説ありますが、現在の信託制度は、13世紀に慣習法として成立していたユース（use：利益）を起源とするものといわれています。

　イギリスの法体系は、ドイツやフランス等の大陸法系の法制度とは異なり、判例の集積によるコモンロー・エクイティと呼ばれる判例法の体系を有していいます。

　イギリスでは、11世紀から13世紀にかけて、十字軍の遠征等による戦地への赴任の間の領地管理を信頼する第三者に任せて、その収益を残された家族に給付してもらったうえで、戦地から戻った際に領地の返還を受けるという、ユースという制度がなされていました。このユースは、13世紀前半、フランシスコ教会の僧侶がイギリスに渡来した際にも、（同教会の者が財産を所有してはいけないという教義がある中で寄付者に対応するために）利用されていたといわれています。

　このユースが、現在の信託制度の起源といわれており、ユースが発展したアメリカのトラストで信託会社が遺言執行や財産管理を行い、さらに、証券投資運用を経て、金融機関としての役割を担うに至りました。

第1章　信託の基本的なしくみ

日本における信託の確立・発展

　日本の現在の信託制度は、イギリスのユースを起源とし、アメリカのトラストとして発展したものが移植されたのが始まりとされています。

　明治33年（1900年）に制定された日本興業銀行法の9条4項では「地方債券、社債券及株券ニ関スル信託ノ業務」との記載がありますが、実際の業務は元利金の支払等の代理事務で信託とは異なるものでした。

　実際に信託が導入されたのは、明治38年（1905年）に制定された担保付社債信託法で、ここでは担保権を信託財産とし、社債権者を受益者とする信託が担保付社債信託として設定されました。

　このように、事業会社を対象とする信託制度が最初に導入された後、個人の財産を管理・運用することを専門に取り扱う信託会社が設立されています（明治39年（1906年）に設立された東京信託株式会社が、信託会社第1号であるといわれています）。

　その後、大正3年（1914年）の第一次世界大戦を契機とする好景気を背景に、信託会社が乱立し、大正10年（1921年）末には約500社に至りましたが、その多くは高利貸しを収益源とし、社会的には信用できない業種とみられていました。そこで、信託の一般的な観念を明確にすべく、信託の基本法と、経営が不健全な信託会社を取り締まる等の目的で、大正11年（1922年）に信託法と信託業法が同時に制定され、翌年に施行されました。日本において、信託の基本法となる信託法のみならず、事業者を規制するための法律が同時に制定・施行されたのは、このような背景があったことによるものです。

　信託業法の制定により、信託業は免許制とされて、かかる免許がない会社に、「信託」の商号を使用することが禁止されました。その結果、大正13年（1924年）末には、（免許を受けた）信託会社は、わずか27社となりました。

　現在の信託銀行の母体となった信託会社については、大正13年（1924

年)に三井信託、大正14年(1925年)に安田信託と住友信託、昭和2年(1927年)に三菱信託が、それぞれ設立されました。これらの信託会社が、現在、三井住友信託銀行、みずほ信託銀行、三菱UFJ信託銀行として業務遂行しているのはご存じのところかと思います。

昭和18年(1943年)には、銀行に信託業務の兼営を認める「普通銀行等ノ貯蓄銀行業務又ハ信託業務ノ兼営等ニ関スル法律」(現在の兼営法)が制定され、戦後、GHQ(連合軍総司令部)の方針により、昭和23年(1948年)に、信託会社は一斉に、銀行法に基づく銀行に転換したうえで、兼営法によって信託業務を兼営することになりました。

その後、戦後の高度経済成長とともに信託銀行の発展するに至ります。

信託業法と信託法の抜本的な改正

平成16年(2004年)には、信託業法の抜本的な改正がなされ、(i)信託の対象となる信託財産の種類の制限を撤廃し、知的財産権等を含む財産権一般の受託を可能とするとともに、(ii)信託業の担い手を拡大するために、信託銀行以外の信託会社の参入を可能とし、(iii)信託契約代理店制度・信託受益権販売業者制度を新たに創設しました。これに合わせて、(iv)受託者の善管注意義務、忠実義務、信託業務の委託等の行為規制に係る規定の整備が行われました。

旧信託法は、前述の立法時の背景から、私人間の契約について規定する私法にもかかわらず、業者を規制するという色彩が非常に強く、当事者間の合意によっても変更することができない、いわゆる強行規定が多いものでした。また、旧信託法は、大正11年(1922年)の制定、翌年の施行から80年以上の長きに渡り(他の法律の改正等に伴う形式的なもの以外)変更がなされておらず、実務との乖離が進んでいるうえ、信託の併合・分割、受益権の有価証券化等、新たなニーズも生じている状況にありました。

実務においては、その乖離に対して、法解釈を含めたさまざまな工夫、

特別法の制定等により可能な限りの対応をしていましたが、乖離・ニーズの広大により、旧信託法の改正なくしてはかかる対応が困難な状況になったことから、その改正について議論されるようになりました。

　具体的には、平成16年（2004年）9月8日、法務大臣から法制審議会に、「現代社会に広く定着しつつある信託について、社会・経済情勢の変化に的確に対応する観点から、受託者の負う忠実義務等の内容を適切な要件の下で緩和し、受益者が多数に上る信託に対応した意思決定のルール等を定め、受益権の有価証券化を認める等、信託法の現代化を図る必要があると思われるので、その要綱を示されたい。」との諮問がなされ、法制審議会に信託法部会が設置されました。信託法部会での審議を経て、平成18年（2006年）2月8日に「信託法改正要綱」として法務大臣に答申され、平成18年（2006年）12月8日に改正信託法が可決され、同月15日に公布されました。

　さらに、平成19年（2007年）7月4日に信託法施行令、信託法施行規則および信託計算規則が公布され、以上の経緯を経て、現在の信託法は平成19年（2007年）9月30日に施行されるに至っています。

第1節　信託とは

Q 5　信託目的について教えてください。

■■ 解　説 ■■

 信託目的とは

信託を設定するにあたっては、まず、信託目的を決める必要があります。

これは、単に契約をする時に目的が必要というだけでなく、信託の終了にも影響するものですので、注意が必要です。すなわち、「信託の目的を達成したとき、又は信託の目的を達成することができなくなったとき」は信託の終了事由となっており（法163条1号）、信託目的は、信託に必要な要件であり、信託目的のない信託は無効であるとともに、信託の終了について判断するために契約書に記載することが必要となるものです。一方で、信託目的は、信託契約等（注）に明記されるものだけを指すのではなく、信託契約等の全体により解釈されるといわれています。

信託目的は、信託法では、「一定の目的（専らその者の利益を図る目的を除く）」に従い財産の管理または処分およびその他の当該目的の達成のために必要とすべきものと規定されています（法2条1項）。「信託目的」は、その信託設定によって達成しようとしている目標であり、「受託者の行動の指針となり、受託者の権限の範囲を確定したりする。また、信託が終了すべきか否かを判断する基準となる。」といわれています（能見善久『現代信託法』（有斐閣 2004）14頁）。

(注) 信託法では、「信託行為」という言葉がたびたび使用されています。「信託行為」とは、契約により設定される信託における信託契約、遺言により設定される信託における遺言、自己信託におけるこれに係る書面または電磁的記録によってする意思表示のこと総称していうものですが（法2条2項）、以

下では、わかりやすさの観点から、信託契約等と記載することとします。

違法な信託目的

信託法では、脱法信託・訴訟信託・詐害信託の3つの信託が禁止されています。

(1) 脱法信託

脱法信託については、信託における形式的な権利者（受託者）と、実質的な権利者（受益者）が異なることを利用した脱法行為を禁止したものです。信託法では、法令によりある財産権を享有することができない者は、その権利を有するのと同一の利益を受益者として享受することができないとされています（法9条）。脱法信託に当たるかどうかは、形式的に一律に判断されるものではなく、その法令の趣旨、信託目的、受益権の内容等を総合的に勘案して判断されるものとなります。

(2) 訴訟信託

訴訟信託については、信託は、訴訟行為をさせることを主たる目的としてすることができないとされています（法10条）。これは、弁護士法で非弁行為として禁じられる法律事務の取扱い（弁護士法72条）について信託を通して実現させることを禁止する趣旨の規定です。なお、受託者が訴訟行為を行うことを主たる目的としている場合であっても、「正当な理由」があるものについては、「主たる目的」の解釈、脱法行為性、反公序良俗性に鑑みた個別判断で、訴訟信託の禁止規定に反しないと考えられます。

(3) 詐害信託

① 詐害信託とは

詐害信託については、委託者がその債権者を害することを知って信託をした場合には、受託者が債権者を害すべき事実を知っていたか否かにかかわらず、債権者は、受託者を被告として、詐害行為取消し（民法424条1項）を裁判所に請求することができるとされています（法11条1項本文）。ただし、受益者が現に存する場合、その受益者が（複数人いる場合はその

うち1人でも)、受益者としての指定を受けたことを知った時または受益権を譲り受けた時点で、債権者を害すべき事実を知らなかったときは、この限りではなく、詐害行為取消しをすることはできません(同項ただし書)。

② 委託者の責任と信託債権者・受託者の保護

詐害信託について、その取消しの判決が確定した場合において、信託財産責任負担債務に係る債権を有する債権者(いわゆる信託債権者。なお、委託者であるものを除く)がその債権を取得した時において債権者を害すべき事実を知らなかったときは、委託者は、その債権を有する債権者に対し、信託財産責任負担債務について弁済の責任を負うことになります(法11条2項)。ただし、詐害信託の取消しにより受託者から委託者に移転する財産の価額が限度となります。

この取消しが実行される際、受託者は、信託債権者に対して、責任財産の限定がある場合を除いて、信託財産責任負担債務の弁済を免れることはできません。ただし、受託者は、その債務を固有財産で弁済後、その弁済相当額を金銭債権とみなして、信託財産に償還請求することができます。また、委託者に対しては、受託者から委託者に移転する財産の価額を限度として強制執行等できます(以上、法11条3項)。

③ 受益者に対する詐害行為取消しと受益権の譲渡請求

委託者がその債権者を害することを知って信託をした場合で、受益者が受託者から信託財産に属する財産の給付を受けたとき、受益者が債権者を害することを知らなかったときを除き、委託者の債権者は、受益者を被告として、裁判所に詐害行為取消し(民法424条1項)を請求できます(法11条4項)。

また、委託者の債権者は、受益者に対し、受益者が受益権の譲受時に債権者を害することを知らなかったときを除き、受益権を委託者に譲渡することを訴えにより請求できます(同条5項)。

これらの請求権は、債権者が原因を知った時から2年間、行為の時から20年を経過したときには時効により消滅するため(同条6項、民法426

条)それまでに行使する必要があります。

　受益者の指定または受益権の譲受人への譲渡にあたっては、この詐害行為取消しや受益権の譲渡請求を不当に免れる目的で、債権者を害することを知らない者（善意者）を無償または無償と同視すべき有償で受益者として指定し、あるいは譲り渡すことが禁止されています（法11条7項）。これに違反した場合、委託者の債権者は、信託行為やこれに基づく受益者への給付の取消し、また、受益権の譲渡請求をすることができます（同条8項）。

④　破産手続における詐害信託の否認

　破産者が委託者としてした信託においては、(i)破産者が破産債権者を害することを知ってした行為、(ii)破産者が支払の停止または破産手続開始の申立があった後にした破産債権者を害する行為については、これらによって利益を受けた受益者の全部または一部がその行為の当時に、(i)については破産債権者を害する事実を知らなかったとき、(ii)については支払の停止等があったことおよび破産債権者を害する事実を知らなかったときを除き、破産手続開始後、破産財団のために否認することができます（法12条1項、破産法160条1項）。

　また、破産者が破産債権者を害することを知って、委託者として信託をした場合、破産管財人は、受益者を被告として、その受益権を破産財団に返還することを訴えをもって請求できます。ただし、受益者が、受益者としての指定を受けたことを知った時または受益権を譲り受けた時に、債権者を害することを知らなかったときはこの限りではなく、返還請求をすることはできません（法12条2項）。

　民事再生、会社更生等の手続に関しても、上記の破産と同じ趣旨の規定が適用されます（同条3項〜5項）。

第1節　信託とは

Q6 信託の設定はどのようにするのですか。

■■ 解　説 ■■

1　設定方法

　信託の設定方法には(i)委託者と受託者との信託契約の締結、(ii)委託者の遺言、(iii)委託者による公正証書その他の書面または電磁的記録による方法の3つの方法が定められています（法3条）。それぞれ、(i)契約信託、(ii)遺言信託、(iii)自己信託と呼ばれており、財産の移転、財産の管理等、効力の発生時期等について差異があります（図表1-5）。

【図表1-5】信託の設定

設定方法	①契約信託	②遺言信託	③自己信託
財産の移転	①②財産の譲渡、担保権の設定（セキュリティ・トラスト）その他の財産の処分		③自己の有する一定の財産の管理または処分
財産の管理等	①②③一定の目的に従い財産の管理または処分およびその他の当該目的の達成のために必要な行為		
効力の発生	①信託契約の締結	②遺言の効力の発生	③公正証書の作成または確定日付のある証書による信託設定とその内容の受益者への通知

　どの方法によるかは、受託者を誰にするのか（委託者自身とするのか否か）、信託の設定を委託者の死亡時とするのか否かにより決めることとなります。自己信託による場合には委託者自身のみを受益者とすると1年間で信託が終了してしまうので、自身のみを受益者とする場合には契約信託とすることが多く、自己信託とするのは1年以内の受益権譲渡等が予定される場合のみとなります。

契約信託

契約信託は、委託者が、受託者との間で、信託契約に、以下の事項を含めることで設定されます（法3条1号。図表1－6）。
・財産の譲渡、担保権の設定その他の財産の処分をする旨
・受託者が信託目的に従い、信託財産の管理または処分およびその他の当該目的の達成のために必要な行為をすべき旨

【図表1－6】契約信託

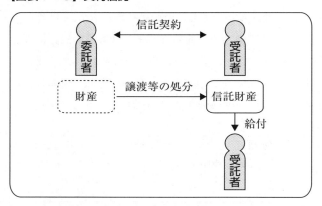

信託契約の締結により効力が発生するのが原則ですが（法4条1項）、信託契約の締結後に信託の効力を発生させたい場合には、停止条件または始期を付して、その条件の成就または始期の到来によりその効力を発生させることもできます（同条4項）。信託契約の締結により効力が発生する場合、特段の定めがない限り、受託者は、信託財産の引渡しを請求しなければならない義務を負い、委託者は、引き渡さなければならない義務を負うことになると考えられます（注）。

（注）能見善久「新しい信託法の理論的課題」（ジュリスト1335号　2007）9頁・10頁では、「通常の信託契約では、そのような委託者の財産移転義務までは内容になっていないと考えるべきであろう。」とし、否定説をとっています。

遺言信託

　遺言信託は、委託者が、受託者に対して、信託契約と同様の内容の遺言をすることにより設定する信託であり（法3条2号。図表1－7）、遺言の効力発生時、すなわち、遺言者の死亡の時（遺言に停止条件があり、その条件が遺言者の死亡後に成就したときは、条件成就時）に成立し効力が発生します（法4条2項、民法985条）。よって、受託者の指定がなく、あるいはその引受けの承諾がなくても、遺言信託の効力が発生することになります。

　遺言信託では、信託の引受け前に効力が発生するため、受託者による引受けまでは、受益者等の地位が不安定な状態に置かれます。そこで、遺言信託で受託者となるべき者の指定がある場合、利害関係人は、その者に対し、相当の期間を定めて、信託の引受けをするかどうかを確答すべき旨を催告できるものとしています（法5条1項）。これに対し、その者が委託者の相続人（相続人が存在しなかった場合は、受益者または信託管理人）に対し確答をしないときは、信託の引受けをしなかったものとみなされます（同条2項）。

　遺言に受託者の指定に関する定めがないときや、指定された者が信託の

【図表1－7】遺言信託

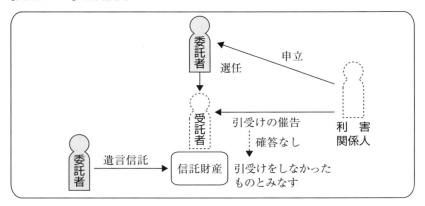

引受けをしない、あるいはできない場合、裁判所は、利害関係人の申立により、受託者を選任することができます（法6条1項）。

自己信託

　自己信託は、委託者が、信託目的に従い、自己の有する一定の財産の管理または処分およびその他の当該目的の達成のために必要な行為を自らすべき旨の意思表示を公正証書その他の書面または電磁的記録でその目的、財産の特定に必要な事項その他の法務省令（信託法施行規則3条）で定める事項（注）を記載しまたは記録したものによってする信託であり（法3条3号。図表1－8）、委託者が受託者となる信託です。

　自己信託については、(i) 公正証書または公証人の認証を受けた書面もしくは電磁的記録によって設定される場合は、その公正証書等の作成により、(ii) 公正証書等以外の書面または電磁的記録によって設定される場合

【図表1－8】自己信託

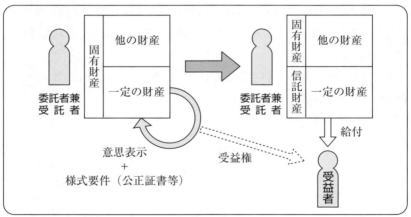

（注）信託法施行規則3条では、(i) 信託の目的、(ii) 信託をする財産を特定するために必要な事項、(iii) 自己信託をする者の氏名または名称および住所、(iv) 受益者の定めまたは受益者を定める方法の定め、(v) 信託財産に属する財産の管理又は処分の方法、(vi) 信託契約等の条件または期限に関する定め、(vii) 信託契約等で定めた信託の終了事由、(viii) その他の信託の条項を定めるべき事項として規定しています。

は、受益者となるべき者として指定された第三者に対して確定日付のある証書による信託の通知を行うことにより、効力が生ずるものとされています（法4条3項）。

委託者の占有の瑕疵の承継

　信託の設定に際しては、委託者が有していた占有の瑕疵の承継についても考える必要があります。

　すなわち、一般に、占有者の承継人は、占有物について占有の一定期間の継続を主張する場合には、自己の占有のみを主張するか、前占有者の占有と自己の占有とをあわせる1つの占有が継続したことを主張するかは、自由に選択できます（民法187条1項）。

　一方、信託法においては、瑕疵ある占有をする委託者が、善意の受託者に瑕疵のある財産を信託し、一方で自ら受益者となることにより、受託者に自己の占有のみを主張させることで占有の瑕疵を受託者のもとで治癒させて不当に利益を得るということが考えられます。よって、これを防止するために、受託者は信託財産に属する財産の占有について委託者の占有の瑕疵を承継することが定められています（法15条）。

第2節 信託財産

Q7 信託財産について教えてください。

■■ 解 説 ■■

1 信託財産とは

　信託財産は、受託者に属する財産であって、信託により管理または処分をすべき一切の財産をいいます（法2条3項）。これに対する概念として、受託者に属する財産であって、信託財産に属する財産でない一切の財産を固有財産といいます（同条8項）。信託財産は、金銭に見積もれるものでなければならず、特許権等の知的財産権のほか、特許を受ける権利、外国の財産権等も含まれますが、人格権は含まれず、積極財産でなければならないことから、債務は、信託財産ではないと考えられています（注）。
(注) このことから信託で債務を負担する場合は、財産の信託譲渡ではなく、個別で債務引受けの手続をとる必要があります（後記4参照）。

2 信託財産の範囲

　信託財産の範囲は、信託契約等において信託財産に属すべきものと定められた財産のほか、信託財産に属する財産の管理、処分、滅失、損傷その他の事由により受託者が得た財産、信託法の規定により、信託財産に属す

ることとなった財産であることが定められた財産が含まれます(法16条)。

　これは、信託財産について物上代位性があることによるもので、信託財産に属する財産を売却した場合の代金債権、信託財産に属する金銭により購入した財産等、信託財産を代位する物のみならず、信託財産を引当てとして借り入れた金銭や、受託者が法令・信託契約等の定めに違反して信託財産を処分した結果として取得した給付も含むと考えられます。

信託財産責任負担債務

　信託では、受託者が信託財産に属する財産をもって履行する責任を負う債務を信託財産責任負担債務といいます（法2条9項）。どのような債務か信託財産責任負担債務となるかについては法定されており（法21条1項）、具体的には以下の図表1－9のとおりです。

　なお、信託財産責任負担債務に係る債権であって、受益債権でないものを特に、信託債権といいます（同条2項2号）。

【図表1－9】信託財産責任負担債務

①　受益債権（信託行為に基づいて受託者が受益者に対し負う債務であって信託財産に属する財産の引渡しその他の信託財産に係る給付をすべきものに係る債権（法2条7項））
② 　信託財産に属する財産について信託前の原因によって生じた権利
③ 　信託前に生じた委託者に対する債権であって、その債権に係る債務を信託財産責任負担債務とする旨の信託行為の定めがあるもの
④ 　受益権取得請求権（法103条1項・2項）
⑤ 　信託財産のためにした行為であって受託者の権限に属するものによって生じた権利
⑥ 　信託財産のためにした行為であって受託者の権限に属しないもののうち、次に掲げるものによって生じた権利
イ　取り消すことができない行為（その行為の相手方が、行為当時、当該行為が信託財産のためにされたものであることを知らなかったもの（信託財産への権利設定・移転行為以外）を除く）
ロ　取り消すことができる行為であって取り消されていないもの
⑦ 　受託者の利益相反行為のうち、取り消すことができない行為または取り

消すことができる行為であって取り消されていないものによって生じた権利
⑧　受託者が信託事務を処理するについてした不法行為によって生じた権利
⑨　⑤から⑧までに掲げるもののほか、信託事務の処理について生じた権利

　信託財産責任負担債務のうち以下の図表1－10の債務について、受託者は、信託財産のみをもってその履行の責任を負います。いい換えれば、それ以外の債務については、受託者は、信託財産により履行できない場合、自身の固有財産をもって履行する責任を負うことになります。

【図表1－10】受託者が信託財産のみで履行の責任を負う債務

①　受益債権
②　信託行為に限定責任信託の定めがあり、かつ、その登記がされた場合における信託債権
③　①および②のほか、信託法により信託財産のみで履行の責任を負うものとされる場合における信託債権
④　信託債権を有する者（信託債権者）との間で責任財産限定特約（信託財産に属する財産のみをもってその履行の責任を負う旨の合意）がある場合の信託債権

4　債務の信託財産への帰属（信託設定時の債務の引受け）

　上記のとおり、信託前に生じた委託者に対する債権であって、当該債権に係る債務を信託財産責任負担債務とする旨の信託契約等の定めがあるものについても信託財産責任負担債務であるとされ（法21条1項3号）、信託財産で負担する債務を信託契約等によって引き受けることができることとされています。

　ただし、委託者の債務を消滅させて受託者に引き受けさせるには、免責的債務引受けの手続、すなわち、委託者の債権者の同意が必要となります。

　事業を積極財産と消極財産の束であると考え、個々の積極財産の信託と消極財産の引受けを行うことで、包括的な形でとらえて事業自体を信託し

たかのような状態を作り出すこともできます。なお、事業自体を信託したといっても、あくまで行われるのは積極財産の信託と消極財産の引受けであるため、積極財産の価額が消極財産の価額を下回る（事業として債務超過の状態にある）場合でも、信託の設定は可能であると解されています。

Q8 信託であることを第三者に主張するためにはどのようにすればよいですか。

■■ 解 説 ■■

1 信託登記・登録の意義・効果

　登記または登録をしなければ権利の得喪および変更を第三者に対抗することができない財産については、信託の登記または登録をしなければ、当該財産が信託財産に属することを第三者に対抗することができません（法14条）。

　よって、たとえば、不動産等については、所有権等の登記・登録をしないと、第三者に信託財産であることについて主張（対抗）することができません。逆にいえば、登記・登録は対抗要件であって効力の発生要件ではありませんので、登記・登録をしなくても、信託財産とすることは可能です。

　一方で、登記または登録をしなければ権利の得喪および変更を第三者に対抗することができない財産以外の動産、債権等の財産については、公示がなくても信託財産であることを第三者に対抗できます。よって、金銭や預金についても、名義を分けなければ信託財産であることを対抗できないわけではなく、ただ、強制執行の禁止との関係で金融機関との取引に係る名義を受託者名義としたほうが望ましいものとなります（詳細はQ75）。

　登記・登録が必用な財産について、これを対抗要件とすることにより、(i) 信託財産の独立性、すなわち、受託者が倒産した場合の倒産隔離を主張することができ、(ii) 受託者の権限違反行為の取消しをするときにも信託財産であることを主張することが可能になります（図表1－11）。
(ii)については、受託者が信託財産を権限に違反して権利を設定または

移転した場合に、その行為を受益者が取り消すために、その財産がどの信託財産に属しているかを確認する必要があることから、信託の登記または登録をすることが必要とされているものです（法27条2項1号）。

登記・登録については、受託者が負う信託財産の分別管理義務についても、信託の登記または登録をすることができる財産について、信託の登記または登録をしなければならないものとされています（法34条1項1号）。

【図表1－11】信託の対抗要件

対抗の意義	(ⅰ) 受託者の倒産からの隔離（法23条） (ⅱ) 受託者の権限違反行為の取消（法27条）における信託財産に属する財産であること
対抗要件	【法14条】 不動産等 （登記または登録をしなければ権利の得喪および変更を第三者に対抗することができない財産） ↓ 信託の登記・登録
	【なし】 有価証券 ↓ 分別管理（外形上区分することができる状態での保管）による対応
	【会社法154条の2】 株券発行会社を除く会社の株式 ↓ 当該株式が信託財産に属する旨の株主名簿への記載または記録

  不動産の信託登記

(1) **不動産の信託登記**

不動産の登記には、表示に関する登記と権利に関する登記とがありますが、このうち権利に関する登記で、不動産の権利の保存、設定、移転、変

更、処分の制限または消滅を公示しています。この権利に関する登記において、不動産についての権利の優先関係が問題となるときに、どちらが優先されるかという、いわゆる対抗関係について優劣が決せられることになります。

　権利に関する登記のうち、所有権に関する登記は、権利部の甲区の欄に登記されます。信託登記についても、信託により所有権移転がなされることから、甲区の欄に登記されることになります。信託に関する登記については、所有権移転の登記とは独立してなされます。(i) 不動産について信託譲渡により信託財産となる場合、(ii) 信託財産である金銭により不動産を受託者が取得してこれが信託財産となる場合、(iii) 信託財産である金銭

【図表1－12】信託の登記記載例

(i) 不動産について信託譲渡により信託財産となる場合

権利部（甲区）（所有権に関する事項）			
順位番号	登記の目的	受付年月日・受付番号	権利者その他の事項
2	所有権移転	平成〇年〇月〇日 受付第〇号	原因　平成〇年〇月〇日信託 受託者　〇〇区〇〇町〇丁目〇番〇号 　　　　　山田太郎
	信　託	余　白	信託目録　第〇号

(ii) 信託財産である金銭により不動産を受託者が取得してこれが信託財産となる場合

権利部（甲区）（所有権に関する事項）			
順位番号	登記の目的	受付年月日・受付番号	権利者その他の事項
2	所有権移転	平成〇年〇月〇日 受付第〇号	原因　平成〇年〇月〇日売買 受託者　〇〇区〇〇町〇丁目〇番〇号 　　　　　山田太郎
	信　託	余　白	信託目録　第〇号

(ⅲ) 信託財産である金銭により建物を建築してその所有権保存と同時にこれを信託財産とする場合

権利部（甲区）（所有権に関する事項）			
順位番号	登記の目的	受付年月日・受付番号	権利者その他の事項
1	所有権保存	平成○年○月○日 受付第○号	原因　平成○年○月○日新築 受託者　○○区○○町○丁目○番○号 　　　　山田太郎
	信　託	余　白	信託目録　第○号

により建物を建築してその所有権保存と同時にこれを信託財産とする場合のそれぞれについて、信託の登記がなされることになります。それぞれの登記の記載例については、前頁・図表1－12のとおりとなることが考えられます。

(2) 信託目録

　信託登記をする際には、信託の概要を記載する、信託目録についてもあわせて登記されます。信託目録については、表示登記、権利登記とは別に登記され、登記事項の証明書を発行する際にも、信託目録の取得については別で指定して請求をする必要があります。信託目録に記載する事項については、信託登記をする者の申請により、委託者・受託者・受益者といった信託の当事者に関する事項とともに、信託契約の概要が記録されます（不動産登記法97条1項）。

　信託目録により、信託の目的、信託財産の管理方法、信託の終了の事由等が記録され、登記されている信託不動産は、どの信託に属しているのか、信託はどのような信託で、受託者はどのような権限を有しているのかが、おおよそわかるようになっています（次頁・図表1－13）。

　信託の当事者は、第三者に対して知らしめたい事項、知られたくない事項が何かを考慮して、信託目録を作成し、法務局に申請することになります。

第1章　信託の基本的なしくみ

【図表1−13】信託目録の記載例

信託目録		調　製	余　白
番　号	受付年月日・受付番号	予　備	
第○号	平成○年○月○日 第○号	余　白	
1　委託者に関する事項	○○区○○町○丁目○番○号 　○○　○○		
2　受託者に関する事項	○○区○○町○丁目○番○号 　○○信託銀行株式会社		
3　受益者に関する事項	○○区○○町○丁目○番○号 　○○　○○		
4　信託条項	Ⅰ　信託の目的 本信託は、本信託契約に定める信託財産を、受益者のために管理、運用および処分することを目的とする。 Ⅱ　信託不動産の管理および運用 1　受託者は、信託の目的に沿って信託財産を管理および運用を行うものとする。 2　受託者は、信託財産の管理および運用に必要な場合には、信託財産を処分してその費用に充てることができる。 Ⅲ　信託の終了 本信託は、以下の場合に終了する。 1　委託者の死亡 2　信託財産の全部の消滅 3　その他信託法163条各号に定める事由の発生		

第2節　信託財産

Q9　信託財産と信託財産以外について区別できなくなった場合はどうなるのですか。

■■ 解　説 ■■

 信託の付合等

　信託財産と固有財産や他の信託財産との間で、付合、混和やこれらの財産を材料とする加工があった場合、各信託の信託財産と固有財産は各別の所有者に属するものとみなして、民法242条から248条までの規定を適用することになります（法17条）。

(1) **付　合**

　具体的には、まず、不動産の付合として、不動産の所有者は、その不動産に従として付合した物の所有権を取得することになり（同条、民法242条）、たとえば、信託財産である不動産に付合した固有財産等があれば、これらに属する財産は信託財産に属することになります。また、動産の付合に関しても、所有者を異にする数個の動産が、付合により、損傷しなければ分離することができなくなったときは、その合成物の所有権は、主たる動産の所有者に帰属することになります。分離するのに過分の費用を要するときも、同様です（法17条、民法243条）。ここで、付合した動産について主従の区別をすることができないときは、各動産の所有者は、その付合の時における価格の割合に応じてその合成物を共有することになります（法17条、民法244条）。

(2) **加　工**

　加工として、他人の動産（材料）に工作を加えた者（加工者）がある場合、その加工物の所有権は材料の所有者に帰属することを原則とするものの、工作によって生じた価格が材料の価格を著しく超えるときは、加工者

がその加工物の所有権を取得することとされています（同法246条1項）。材料が信託財産で、受託者が信託財産の管理・運用とは関係なく加工をした場合にこの規律が適用されることがありますが（法17条、民法246条）、信託の目的により、信託財産の管理・運用として加工をした場合であれば、仮に工作によって生じた価格が材料の価格を著しく超えるときであっても、加工物は信託財産に帰属することとなるように思われます。この場合、対価（信託報酬）の支払の有無は1つの参考になるものの、基本的には信託目的により判断するものと考えられます。

なお、加工に関し、加工者が材料の一部を供したときは、その価格に工作によって生じた価格を加えたものが他人の材料の価格を超えるときに限り、加工者がその加工物の所有権を取得することになります（同条2項）。

たとえば、元の信託財産に属する材料が5万円、受託者の信託目的に関しない工作によって3万円の価格が生じた場合、基本的にこれによる工作物は信託財産に属することになりますが、受託者が固有財産により材料の一部（3万円相当）を提供していれば、信託財産に属する材料5万円に対して、受託者の固有財産に属する材料3万円＋工作3万円＝6万円が信託財産を上回るため、固有財産に属することになります。この例で、提供された材料の一部が他の信託財産に属する場合には、信託財産5万円、工作による価格3万円、他の信託財産での材料3万円となり、工作に関する規定の適用関係が問題となりますが、基本的には最も高い価格を提供している元の信託財産に帰属することになるものと思われます（通常あまり想定されないものですが、何らかの事故によりこのようなことが生じる場面もあり得るかと思われます）。

(3) 混　和

さらに、混和として、所有者を異にする物が混和して識別することができなくなった場合について、付合の規定を準用することとされています（法17条、民法245条）。よって、米や金銭といった固形物が混合したり、酒や油といった流動物が融和したりした場合には、主たる財産である信託財産ないし固有財産に帰属することになり、主従の区別をすることができ

なければ、価格の割合に応じてその合成物を共有することになります。

なお、後述のとおり、これらの規定により所有権を喪失した場合には、不当利得として償金を請求することができます（法17条、民法247条・703条・704条）。

識別不能

混和と近い概念として、財産が混ざってしまい識別不能になってしまった場合の識別不能という考え方があります。識別不能については民法での規定がありませんが、信託法では、信託財産と固有財産等の財産が混ざってしまった場合ルールが規定されています（法18条）。

すなわち、その当時における各財産の価格の割合に応じて、識別不能となった各財産の共有持分がその信託財産と固有財産等とに帰属するものとみなすものとされています。また、識別不能となった当時における価格の割合が不明である場合には、その共有持分の割合は均等であると推定することが定められています。

たとえば、固有財産の牧場に20頭、信託財産の牧場に10頭の牛がそれぞれ飼われていたところ、牧場の柵が壊れてそれぞれの牛が入り混じり、どの牧場の牛であるのか識別がつかなくなり、さらに6頭が逃げ出した場合について考えます。

入り混じる前の帳簿が残っていたときには、固有財産と信託財産に属する牛は、20：10＝2：1の割合で共有することになります。すべての牛がそれぞれ等価であれば、残った24頭について、16頭と8頭が固有財産、信託財産にそれぞれ属することになりますし、その中で特に価値の高い牛がいれば、価格に応じて2：1の割合で帰属することになりますので、実際には競り等での価格に応じて2：1で固有財産と信託財産に配当されることになるものと思われます。

さらに、入り混じる前の帳簿もがなくなってしまった場合には、それぞれが、1：1の割合で共有することになりますので、それぞれの牧場には、

12 頭ずつが、帰属することになりますし、特に価値の高い牛がいれば、価格に応じて1：1の割合で帰属することになります。

付合、混和、加工または識別不能の効果

付合、混和、加工の規定により物の所有権が消滅したときは、その物について存する他の権利も、消滅することになります（法17条・247条1項）。

この場合、物の所有者が、合成物、混和物、加工物（合成物等）の単独所有者となったときは、その物について存する他の権利は以後その合成物等について存し、物の所有者が合成物等の共有者となったときは、その物について存する他の権利は以後その持分について存することになります（法17条・247条2項）。たとえば、合成物等について信託財産、固有財産の付合により信託財産に帰属することになった場合、その信託財産について設定された質権があれば、当該質権は、合成物全体に及ぶことになります。一方で、共有となれば、質権についてもその共有持分に対して及ぶことになります。

このような付合・合成物等に関する所有権の帰属について、所有権を喪失した所有者は、償金の請求をすることができます。すなわち、付合等の規律により損失を受けた者は、民法の不当利得の規律（民法703条・704条）に従い、その償金を請求することができるとされています（法17条、民法248条）。

よって、信託財産500万円、固有財産300万円の付合により所有権を喪失した受託者は、300万円を償金として請求することができます。ここで、予期せぬ付合により財産の価格がやむを得ず600万円となってしまったような事情があれば、8分の3である225万円を償金として請求できることとなります。

これらの効果に関する規律について、識別不能の規律には特段の規定がありませんが、同様に各規律が適用されるものと思われます。

第２節　信託財産

Q 10 信託財産とその信託財産以外の財産の間で共有する財産について問題が生じた場合、どのように解決するのですか。

■■ 解　説 ■■

 共有物の分割

　受託者に属する特定の財産について、その共有持分が信託財産と固有財産とに属する場合、(ⅰ) 信託行為において定めた方法、(ⅱ) 受託者と受益者（あるいは信託管理人）との協議による方法、(ⅲ) 分割をすることが信託の目的の達成のために合理的に必要と認められる場合であって、受益者の利益を害しないことが明らかであるとき、またはその分割の信託財産に与える影響、分割の目的および態様、受託者の受益者との実質的な利害関係の状況その他の事情に照らして正当な理由があるときは受託者が決する方法のいずれかの方法により、財産の分割をすることができます（法19条1項）。これは、受託者が単独で分割を行うことは典型的な利益相反行為となることから、利益相反行為の制限の例外である信託法31条2項と同じ条件のもとで分割を行うことを認めたものです。

　なお、(ⅱ)における協議が調わないときやその他の方法により分割をすることができないとき、受託者または受益者（あるいは信託管理人）は、裁判所に対し、共有物の分割請求をすることができます（同条2項）。

 混同の特例

　信託では、受託者が信託財産について権利を取得する場合が想定されます。すなわち、受託者が、信託財産に対して権利（債権、抵当権等）有する場合がありうるものです。また、固有財産と信託財産との間だけでな

く、信託財産の間においても、同様の問題が生じます。

　このような場合、民法によれば、同一物について所有権および他の物権が同一人に帰属したときとして、他の物権は、消滅することとされています（民法179条）。債権および債務が同一人に帰属したときについても、その債権は、消滅するのが原則となっています（同法520条）。しかしながら、信託財産と固有財産、あるいは信託財産同士の間においては、この規律を適用するのは不適当と思われます。

　そこで、信託法では、信託財産と受託者の固有財産または他の信託財産との間では、広く混同による権利の消滅が生じないものとしています。すなわち、同一物について所有権や所有権以外の物権およびこれを目的とする他の権利が信託財産と固有財産または他の信託の信託財産とにそれぞれ帰属した場合には、民法179条1項本文の規定にかかわらず、当該他の物権は、消滅しないこととされています（法20条1項・2項）。

　債権についても同様の規定が置かれており、民法520条本文の規定にかかわらず、その債権は消滅しないものとされています（同条3項）。

Q 11 信託財産に差押え等がされた場合や信託の当事者が破産した場合でも信託財産は守られるのですか。

■■ 解 説 ■■

 信託財産に対する差押え等

　受託者が信託財産により履行する責任を負う債務（信託財産責任負担債務）に係る債権で受益債権でないものを信託債権といいます（Q7・3）。
　ここで、信託財産に対しては、信託債権に基づく場合を除き、強制執行、仮差押え、仮処分、担保権の実行、競売または国税滞納処分をすることができません（法23条1項）。
　これに反してなされた強制執行、仮差押え、仮処分、担保権の実行もしくは競売または国税滞納処分に対しては、受託者または受益者は、異議を主張することができます（同条5項・6項）。

 受託者の破産時の取扱い

　受託者が破産手続開始の決定を受けた場合、信託財産は破産財団に属さず（法25条1項）、また、受益債権は破産債権とならず、受託者が信託財産のみでその履行の責任を負う信託債権についても、破産債権になりません（同条2項）。さらに、受託者が破産手続開始の決定を受けた場合に、破産法252条1項の免責許可の決定による信託債権（信託財産に責任が限定されるものを除く）に係る債務の免責は、信託財産との関係では、その効力を主張することができません（同条3項）。
　受託者が再生手続開始の決定を受けた場合についても、破産と同様に、信託財産は、再生債務者財産に属せず（同条4項）、受益債権は、再生債

権にはなりません。信託財産に責任が限定される信託債権についても同様です（同条5項）。受託者が再生手続開始の決定を受けた場合、再生計画、再生計画認可の決定または民事再生法235条1項の免責の決定による信託財産責任負担債務（信託財産に責任が限定されるものを除く）の免責または変更は、信託財産との関係では、その効力を主張することができません（同条6項）。受託者が更生手続開始の決定を受けた場合についても同様です（同条7項）。

破産管財人が有する双方未履行の双務契約の解除権（注）については、一般に、破産の影響を受けない契約については適用がないものと解されています。この点、信託財産は、上記のとおり、受託者が破産手続開始の決定を受けた場合において破産財団に属しないことから、信託契約は破産の影響を受けない契約であり、双方未履行双務契約の解除権に関する規定の適用を受けないと考えられています。受託者として第三者との間で締結した双方未履行の双務契約についても、破産財団に属せず、破産の影響を受けないのであれば、同様に考えることになります。

（注）双務契約について破産者およびその相手方が破産手続開始の時においてともにまだその履行を完了していないときは、破産管財人は、契約の解除をし、または、破産者の債務を履行して相手方の債務の履行を請求することができる（破産法53条1項）。

委託者の破産管財人の有する双方未履行の双務契約の解除権

他益信託における委託者の破産管財人の有する双方未履行の双務契約の解除権と信託との関係についても、双方未履行の双務契約の解除権を行使することができないように工夫することができるものと考えられています。

具体的には、信託に関し、委託者の債務は、①費用・報酬の支払債務（信託契約でかかる規定がある場合で支払未了の場合）、②追加信託を行う債務（信託契約で規定されている場合）、③信託財産の引渡し債務（引渡未了の信託財産がある場合）が想定されますが、通常、①および②の債務

を発生させる特約が締結されることは少なく、③についても、通常は信託契約の締結直後に履行されるため、これが問題となることはまれです。

　一方、受託者の債務については、①信託事務遂行債務、②法定帰属権利者としての委託者に対する残余財産の支払債務が想定されますが、②については、委託者の拠出した財産から出捐するものであって、委託者の債務（報酬支払義務等）と対価性があるとはいい難いことから問題にはならないと考えられています。①の信託事務遂行債務についても、委託者としての権利を信託契約等の定めによりなくすことで、委託者に対する債務を消滅させることが可能です。

　以上より、信託契約等において、①委託者の権利をなくす、②委託者が費用および信託報酬を支払う約定を入れない、③追加信託の義務（債務）を規定しない、④帰属権利者を指定する等の工夫を行うことで、他益信託における委託者の破産管財人の有する双方未履行双務契約の解除権については、排除できるものと考えられます。このようなニーズは、資産流動化を目的とする信託等で、信託財産について委託者の倒産から切り離すことが望まれる場合に特に認められます。

Q 12 信託財産に属する債権等について相殺は通常と同様に行うことができるのですか。

■■ 解 説 ■■

信託財産と固有財産との相殺

　信託財産に属する債権と固有財産に属する債権との相殺については、通常の相殺と異なる規定が設けられています。すなわち、第三者からは、信託財産に対する強制執行等の制限（Q 11・1）に基づく制限があり、一方で、受託者からの相殺については、これに加えて受託者の忠実義務や利益相反行為の制限に基づく制限があります。

信託財産に属する債権を受働債権とする第三者からの相殺

　受託者が固有財産や他の信託の信託財産（固有財産等）のみで履行する責任を負う債務に係る債権を有する第三者は、その債権を自働債権として、信託財産に属する債権を受働債権とする相殺はできません（法22条1項。49頁・図表1－14左上）。これは、このような相殺を認めると、信託財産に対する強制執行等の制限に反することになり、信託財産の独立性が確保できないことによるものです。

　しかし、このような状況で常に相殺ができないものとすると、たとえばかかる第三者の信用状況に不安がある場合等、かかる第三者に対する債権を保有しているよりも、相殺によって受託者の固有財産等への求償権を取得した方が受益者にとって有利となる場合には、不都合が生じます。そこで、受託者の忠実義務における利益相反行為の制限の例外（法31条2項各号）に該当する場合に受託者が承認したときは、この制限は適用されな

いものとしています（法22条2項）。

このような第三者についても、第三者が事情を知らないことについて過失がなければ、これを保護する必要があります。そこで、かかる第三者が、債権を取得した時または債務を負担した時のいずれか遅い時において、①その信託財産に属する債権が固有財産等に属しないことを知らず、知らなかったことにつき過失がなかった場合、②その固有財産等で責任を負担する債務が信託財産責任負担債務でないことを知らず、知らなかったことについて過失がなかった場合には、例外として相殺が容認されています（同条1項ただし書）。

固有財産に属する債権を受働債権とする第三者からの相殺

信託財産のみで履行の責任を負う信託財産責任負担債務に係る債権を有する者は、その債権を自働債権とし、固有財産に属する当該第三者への債権を受働債権とした相殺をすることはできません（法22条3項本文。49頁・図表1－14右上）。このような相殺を認めると、自働債権について、信託財産のみで履行の責任を負うこととし、受託者の固有財産への執行を制限した趣旨に反することになるからです。ただし、受託者がこの相殺を承認したときは、受託者の保護に欠けることがないため、相殺は可能となります（同条4項）。

また、上記2同様、第三者が事情を知らないことについて過失がなければ、これを保護する必要があります。よって、このような自働債権（信託債権）を有する第三者が、債権の取得時または受働債権（固有財産に属する債権）に係る債務を負担した時のいずれか遅い時に、受働債権が信託財産に属しないことを知らず、知らなかったことにつき過失がなかった場合については、例外として相殺が容認されています（同条3項ただし書）。

信託財産に属する債権を自働債権とする受託者からの相殺

　受託者から相殺を行う場合について、信託法では、特別な規律を置いていません。よって、受託者からの相殺については、忠実義務に関する一般的な規律に基づき、その可否が判断されることになります。

　受託者による、信託財産に属する債権を自働債権とし、固有財産に属する債務を受働債権とする相殺は、形式的には利益相反行為の間接取引に該当するため（法31条1項4号）、相殺が制限されます（次頁・図表1－14左下）。これに違反して相殺した場合、第三者である受働債権の債権者が、当該相殺が利益相反行為であることを知り、または重大な過失により知らなかったとき、受益者は、受託者の相殺の意思表示を取り消すことができます（同条7項）。

　ただし、信託契約等に定めがある等、利益相反行為の制限の例外（同条2項各号）に該当する場合には、相殺をすることが容認されます。たとえば、受託者がある会社に貸出金を有しており、一方で、その会社から固有財産で負担する借入れを受けているような場合であって、その会社が倒産しそうなときには、相殺により不良債権化した貸出金を回収できることになりますので、利益相反行為の制限の例外（同条同項4号）に該当し、相殺が認められることになります。

固有財産に属する債権を自働債権とする受託者からの相殺

　受託者による、固有財産に属する債権を自働債権とし、信託財産責任負担債務にかかる債権を受働債権とする相殺については、一般的には、信託財産に不利益を与えることがないため、忠実義務違反とはならず、原則として制限はされません（次頁・図表1－14右下）。

　一方で、受託者が、信託財産と固有財産の両方で、ある会社に貸出しを行っており、かつ信託財産で売掛金債務があるような場合で、その会社が

第2節　信託財産

倒産しそうなときには、信託財産と固有財産のいずれの貸出金と売掛金債務とを相殺すべきかは、忠実義務における競合行為の制限（法32条）の問題となります。

すなわち、競合行為（Q19）については、「受託者として有する権限に基づいて信託事務の処理としてすることができる行為であってこれをしないことが受益者の利益に反するものについては、これを固有財産又は受託者の利害関係人の計算でしてはならない」とされています（同条１項）。ここで、「受益者の利益に反するもの」か否かは実質で判断するものと考えられていますので（寺本昌広『逐条解説　新しい信託法』（商事法務2007）129頁）、その相殺が、従来の実務における原則的な取扱いであれ

【図表1-14】信託財産と固有財産との相殺の可否

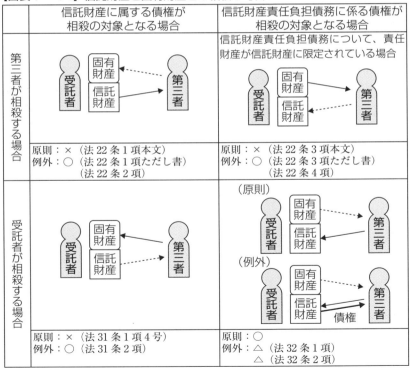

ば、競合行為に該当しないという整理が考えられます。すなわち、信託銀行の実務において、自働債権とする債権の額について、固有財産と信託財産のそれぞれの有する債権の残高の額に応じて按分して相殺する、いわゆるプロラタでの相殺を行う限りにおいては、競合行為に該当せず、許容されると考えられます。

第3節 民事信託とは

Q 13 民事信託とはどのようなものですか。どのような目的に使われるのですか。

■■ 解　説 ■■

　民事信託については、法律上、あるいは慣習上明確な定義があるものではありません。委託者、受託者、受益者とも事業者ではない場合における信託を指して民事信託と呼ばれることが多く、特に、家族間での財産の管理・承継に用いられることが多いようです。

　すなわち、民事信託について、「典型的には、私人が、自己の死亡や適正な判断力の喪失等の事態に備えて、契約又は遺言による信託の設定をもって、自己の財産につき生存中又は死亡後の管理・承継を図ろうとする場合等を想定している。このような信託の利用は、自分自身、配偶者その他の親族の生活保障あるいは有能な後継者の確保による家業の維持等の目的を達成するうえで有益である」としているものもあります（寺本昌広「「信託法改正要綱試案」の概要」信託223号16頁）。このような、委託者の親族が受託者となり、委託者の資産管理や生活支援、資産承継を目的として親族間で信託を行うことを、特に家族信託と呼ぶこともあります。

　一方で、商事信託との対比で、「商事信託とは、信託において受託者が果たす役割が財産の管理・保全または処分を超える場合、あるいは、それとは異なる場合である。これに対して受託者が果たす役割が財産の管理・保全または処分である場合を『民事信託』と呼ぶ。」としているものもあります（神田秀樹「商事信託の法理について」信託法研究22号）。

Q 14　民事信託のメリット・デメリットについて教えてください。

■■ 解　説 ■■

 民事信託の役割と他の制度

Q 13にもあるとおり、民事信託については委託者の(i) 資産管理や(ii) 生活支援、(iii) 資産承継を目的として設定されることが多いものですが、自身の資産管理や生活支援、資産承継を親族等の他人が行う制度は、民事信託の他にもあります。

たとえば、(i) 資産管理や(ii) 生活支援の役割を果たすことができる委任、成年後見・任意後見、(iii) 資産承継の役割を果たす遺言、(i) 資産管理や(iii) 資産承継の役割を果たす資産承継会社等、すべての役割を果たすことができる（信託銀行が提供する商品である）遺言代用信託が関係するしくみとして挙げられます。

これらのしくみ、制度の詳細な比較についてはQ 55で取り上げますが、以下、その比較の概略について取り上げます。

 委任、成年後見・任意後見との比較

(i) 資産管理や(ii) 生活支援の役割を果たすことができる制度として、成年後見・任意後見、委任があります。

成年後見・任意後見については、いずれも本人の財産を管理することや、法律行為を代理することが可能ですので、(i) 資産管理や(ii) 生活支援の制度として有用です。一方で、成年後見の場合は、本人の事理弁識能力が不十分となった後に開始するため、成年後見人を本人の希望で選ぶこと

が難しくなります。任意後見の場合には本人の行為の取消し等ができず、財産を守る方法としては不十分となることがあります。

委任は、当事者の一方が法律行為をすることを相手方に委託し、相手方がこれを承諾することによって、その効力を生じます（民法643条）。信託と委任については、財産管理を目的とする場合、いずれも他人に財産を管理させるという点では同じです。

一方で、信託は、財産権の名義を受託者に移転させるのに対して、委任では、財産の名義は移転せず、本人のままとなります。また、信託は、委託者または受益者が指図を行うことはあるものの、信託財産に対して受託者が唯一の管理・処分権を有しているのに対し、委任では、受任者（代理人）と本人の双方が管理・処分の権限を有する（権限が競合する）とになります。

3　遺　言

(iii) 資産承継の役割を果たす制度として遺言があります。遺言は、自筆証書、公正証書等の方式により、（遺留分の規定に反しない範囲で）、遺言者の死亡後の財産の全部または一部を処分するものです（民法960条・967条・964条）。遺言については、遺言作成後に取得した財産を含め、包括的な承継ができるという点でもメリットがあります。

一方で、信託と異なり、自身の生前の(i) 資産管理や(ii) 生活支援を遺言で行うことはできません。また、後継ぎ遺贈型の受益者連続信託（法91条）のように、受益者の死亡により他の者が新たな受益権を取得する旨の定めを置くことで、数次相続の場合に自己の財産を順次誰に承継させることができるという点で、信託についてはメリットがあります。

4　資産承継会社等

資産を承継するための方法の1つとして、株式会社や一般社団法人等の

第1章　信託の基本的なしくみ

法人で親族の資産を管理し、株式で承継していく方法があります。

　資産管理会社については、資産の管理、承継を行うことができるだけでなく、個別の資産について承継手続を経ずとも、株式の承継を行うだけで実質的に資産承継をすることができるというメリットがあります。

　一方で、財産の都度の給付は通常行われず、(ⅱ)生活支援という点ではあまり制度に合わないという点があります。

（信託銀行が提供する商品である）遺言代用信託

　信託銀行では、委託者の金銭を信託財産とし、信託銀行を受託者とする遺言代用（あるいは遺言代用類似の）信託の商品を提供しています。商品の内容については信託銀行により異なりますが、一時金型と年金型の商品が用意されています。

　この信託銀行の提供する商品である遺言代用信託については、信託財産が一定の範囲の額の金銭に限られますが、委託者の(ⅰ)資産管理や(ⅱ)生活支援、(ⅲ)資産承継のすべての役割を果たすことができます。

　遺言代用信託に関しては、民事信託でも該当規定を設けることにより、遺言代用信託としての役割を果たすことができるものです。一方で、信託銀行の提供する商品である遺言代用信託については、パッケージ化された商品であるため、信託財産が金銭に限られる一方、費用があまりかからないという違いがあります。

第3節　民事信託とは

Q 15　民事信託と金融機関との関わりについて教えてください。

■■ 解　説 ■■

1　金融機関と民事信託の受託者との取引

　民事信託の受託者が信託財産を管理・運用するにあたり、信託財産である金銭を管理するためには金融機関の預金等によることが考えられ、また、信託財産の運用にあたり借入れをする場合には、信託財産責任負担債務としての借入れをすることが考えられます。それ以外にも、信託財産の運用のプロセスで投資信託等の各種金融商品を購入することが考えられ、金融機関と個人との間の取引であれば、おおよその取引について、受託者として取引を行うことがあり得ます。

　詳細はQ 74以降で触れますが、民事信託の受託者が金融機関の関わる意義について、以下、簡単に説明します。

2　預　金

　預金については上記のとおり受託者としての金銭管理の際に受託者名義の口座開設のニーズがあり得ます。

　信託法の受託者の義務との関係では、分別管理義務については金銭や預金の分別管理は計算を明らかにする方法で足り（法34条1項2号）、倒産隔離との関係でも必ずしも名義を分けなければならないわけではないことから、受託者名義によらない運用も考えられます。

　一方、実際に受託者の債権者から差押えを受けた際に、受託者名義の口座としていれば、その旨を金融機関としても認識できる等、受託者名義と

しているか否かにより異なるものとなる等、受託者名義とすることによる意義も相応にあるものと思われます。

 貸出し

　民事信託では、たとえば、受託者が借入れを行って信託財産である土地の上に建物を建てるといった、受託者名義での借入れ（金融機関による貸出し）のニーズがあり得ます。この場合、金融機関としては、信託財産や受託者の固有財産の内容により、貸出しに応じることも考えられます。

　しかしながら、信託の受託者への貸出しにあたっては、委託者・受益者の財産をその引当てとすべきなのか、その場合、どのような契約とすべきなのか（連帯保証人とするのか否か）、受託者が変更となる可能性についてどのように考えるのか、受託者の死亡により信託が終了した場合に、受託者が負う債務についてどのような承継手続をとるのか等、さまざまな検討・対応が必要となります。

　なお、信託債権に関しては、信託法上、原則として受託者の固有財産も引当てとなるものですが、受託者がそれを認識していないとトラブルとなる可能性がある等、信託法上当然に可能な権利・義務についても必要に応じて契約書上での記載を行うといった民事信託契約特有の工夫も大切です。

第4節

受託者

Q 16 受託者には誰でもなれるのですか。

■■ 解　説 ■■

　受託者となるために、特別な資格が必要なものではありませんが、受益者の保護のため、信託法では、受託者となれない者について規定しています。

　すなわち、信託は、委託者が、受託者に対する信頼を基礎として、管理権の行使を委ねるものです。よって、受託者は、その職責上、委託者の信頼に応じ、信託財産の管理者としての任務を達成することができる者でなければなりません。

　そこで、未成年者といった単独で財産を管理または処分することができず、財産の管理または処分に係る信頼を置くことが困難である者については、受託者となることが禁止されています（法7条）。

　破産者については、従前は、同様の理由から、受託者にはなることができないものとされていましたが（旧信託法5条）、現在の信託法では、破産者であることのみをもって財産の管理ができないとまではいえないことから、破産者であっても受託者となることができます。ただし、信託設定後に受託者が破産した場合については、信託契約等で特別な定めを置かない限り、受託者の任務が終了するもの（終了事由）とされています（法56条1項3号）。

Q 17　受託者の権限について教えてください。

■■ 解　説 ■■

　受託者の権限

受託者の権限について、信託法では、「受託者は、信託財産に属する財産の管理または処分およびその他の信託の目的の達成のために必要な行為をする権限を有する」こととされています（法26条本文）。よって、信託契約等に定めがなくても、信託目的の趣旨を勘案し、さまざまな行為をなす権限を有することになります。たとえば、資金調達の必要性があれば、借入れをしたり、そのために信託財産を担保とすること等も許容されます。

一方で、無制限に権限を付与することが適切ではないこともあるため、信託契約等によって権限に制限を加えることも可能です（同条ただし書）。たとえば、運用で資産の増殖を図る信託であっても、リスク性の高い金融商品での運用により信託財産が大きく毀損することは望ましくないということであれば、デリバティブ等のリスクの高い金融商品に運用することはできない旨を信託契約等に規定することで、受託者の権限を制限することができます。

　受託者の権限違反とその効果

(1)　**受託者の権限違反**

それでは、受託者の権限違反とはどのような場合でしょうか。

1つは上記にある信託契約等に定めた権限の制限に違反すること（権限

の逸脱)、もう1つは明確に何らかの規定に反するものではなくても、信託目的に照らして適当ではない行為(権限の濫用)がある場合です。この点については、代理人の権限の逸脱・濫用と同じように考え、判断されることになるでしょう。

そして、受託者が権限違反があった場合について、信託法では、信託財産が信託の登記または登録をすることができる財産とできない財産に分けて規定しています(図表1-15)。

【図表1-15】権限違反行為に対する取消しの可否・信託財産に対する強制執行の可否

信託財産に属する財産についての権利の設定または移転の有無					相手方における権限違反についての認識の有無			
					善意無重過失		悪意または善意重過失	
					相手方における信託財産のためであったことについての認識の有無			
					善意	悪意	善意	悪意
	無				取消不可 強制執行不可	取消不可 強制執行可能	取消不可 強制執行不可	取消可能 ※
有	信託の登記または登録の可否	可能	信託の登記または登録	有	取消不可 強制執行可能	取消不可 強制執行可能	取消可能 ※	取消可能 ※
				無	取消不可 強制執行可能	取消不可 強制執行可能	取消不可 強制執行可能	取消不可 強制執行可能
		不可能			取消不可 強制執行可能	取消不可 強制執行可能	取消不可 強制執行可能	取消可能 ※

※取消可能な場合については、取消しされていない場合のみ強制執行可能

(2) 信託の登記または登録をすることができない信託財産

信託の登記または登録をすることができない信託財産について受託者の権限違反があった場合、その行為(たとえば信託財産である金銭により物を購入する売買)の相手方が、行為の当時、その行為が、①信託財産のた

めにされたものであることを知っており、かつ、②受託者の権限に属しないことを知っていたとき、または知らなかったことについて重大な過失があったときに、受益者は、その行為を取り消すことができます（法27条1項）。

(3) 信託法14条の信託の登記または登録をすることができる信託財産

信託法14条の信託の登記または登録をすることができる信託財産について受託者の権限違反があった場合、その行為（たとえば信託財産である不動産に対する抵当権設定）の当時に、①同条の信託の登記または登録がされており、かつ、②その行為の相手方がその行為について受託者の権限に属しないことを知っていたときまたは知らなかったことについて重大な過失があったときに、受益者は、その行為を取り消すことができます（法27条2項）。

たとえば、受託者が固有財産での借入れを行うために信託の登記がされた不動産に抵当権を設定するような行為については、信託目的に照らして適当ではないことが想定されるため、②についても認められやすいのではないかと考えられます。

(4) 取消権の行使可能期間

上記(2)・(3)の受託者の権限違反行為に対する取消権は、受益者（信託管理人を含む）が取消しの原因があることを知った時から3か月間行使しないときは消滅します。行為の時から1年を経過したときも、同様に取消権は消滅するものとされています（法27条4項）。

なお、受託者の権限違反行為で、受益者が取消権を行使できるにもかかわらず、取消権を行使していないものによって生じた権利に関しては、受益者の保護を図る必要がないことから、このような権利に基づく信託財産に対する強制執行等は可能となります（法21条1項6号ロ）。

第4節　受託者

Q 18　受託者の義務にはどのようなものがありますか。

■■ 解　説 ■■

 受託者の義務

　信託設定により、受託者は、信託契約等に規定がなくても、当然に、信託法に定められた義務を負います。その義務の内容としては、信託事務遂行義務、善管注意義務、忠実義務、公平義務、分別管理義務、信託事務の委託に際しての委託先の選任・監督に関する義務、報告義務、帳簿の作成等の義務等があります。
　以下では、特に細かな規定が置かれているもの以外の、信託事務遂行義務、善管注意義務、公平義務について説明します。

 信託事務遂行義務

　受託者は、信託の本旨に従い、信託事務を処理しなければなりません（法29条1項）。これを受託者の信託事務遂行義務といいます。受託者は、信託目的の達成のため、信託契約等の規定に形式的に従っているだけでは足りず、信託目的や委託者の合理的な意図、すなわち、信託の本旨に適合するように信託事務処理をすることが求められています（村松秀樹・富澤賢一郎・鈴木秀昭・三木原聡『概説 新信託法』（金融財政事情研究会2008）89頁）。
　信託の本旨については、あくまでも、受託者に与えられた権限の範囲内で（合理的な範囲で）求められるものですので、受託者に無理を強いるものではありません。また、常に委託者の意図・指示どおりに動かなければ

ならないものではなく、信託目的等に照らして受託者として適当な行動をしていれば足るものと考えられます。

信託の利用目的によっても異なり、たとえば、個人間の信頼関係を基礎にして財産の管理・運用を託するものであればその範囲は広くとらえられることもありますし、逆に、信託を「箱」として活用する、流動化目的の信託については、信託契約等で定められた事務を粛々と行うことをもって足るものと考えられます。

善管注意義務

(1) 善管注意義務の内容

受託者は、信託事務を処理するにあたっては、善良な管理者の注意をもって、これをしなければなりません。ただし、信託契約等に別段の定めがあるときは、その定めるところによる注意をもって、これをすることになります（法29条2項）。この義務を善管注意義務といいます。

信託において、受託者は、委託者および受益者からの信認を受けており、信託事務を処理するには、自己の財産に対するのと同一の注意では足りず、より高度な注意義務を負うことになります。

善管注意義務については、民法の委任等においても規定されている義務ですが、その職業や地位にある者として通常要求される注意義務を意味するため、受託者が専門家である場合には、専門家として通常要求される程度の注意をもって、信託事務を処理しなければならないと考えられています。一方で、その人の能力等が低いことをもって免責され、あるいは義務の程度が低くなるものではないので、受託者としてはこの点に十分注意する必要があります。

(2) 信託契約等における善管注意義務の軽減

善管注意義務に関しては、信託契約等に別段の定めがあるときは、その定めるところによる注意をもって、これをするとされているため、信託契約等で定めても、善管注意義務を完全に免除することまではできないもの

と考えられます。

　反復継続して（業として）信託の引受けを行う場合に適用される信託業法・兼営法では、このような信託契約等の定めによる軽減の規定もないため（信託業法28条2項、兼営法2条1項）、善管注意義務を軽減することはできないものと考えられています。一方で、どのような行為をなせば善管注意義務を果たしたことになるかという、善管注意義務の履践の方法について合意することは（内容が合理的なものであれば）可能であると考えられていることから、信託会社や信託銀行を受託者とする信託契約においては、善管注意義務の履践の方法について定められていることが多く見受けられます。

公平義務

(1)　公平義務の内容

　受益者が2人以上ある信託においては、受託者は、受益者のために公平にその職務を行わなければならないことを規定しており、これを受託者の公平義務といいます（法33条）。

　公平義務は、忠実義務（Q 19）の制限の類型である利益相反行為のように形式的な類型が定められているものではなく（実質的な概念であり）、信託契約等の全体の趣旨により何が公平であるかが決定されます。よって、公平義務に関しては利益相反行為の制限のような例外に関する規定は置かれていません。

　公平義務についても、善管注意義務と同様、これを信託契約等で完全に免除することはできないものと考えられています。

(2)　受託者の行為に対する差止請求権

　受託者が公平義務に違反する行為をし、またはこれをするおそれがある場合であって、これにより一部の受益者に著しい損害が生ずるおそれがあるとき、その損害を受けるおそれがある受益者は、受託者に対し、その行為をやめることを請求することができます（法44条2項）。

通常、受託者が公平義務に違反したとしても、これだけで信託財産全体について損害が生じるとは限りません（損害が生じる場合には、善管注意義務違反、忠実義務違反等、他の義務違反も行われているのが通常です）。そうすると、一般的な損失てん補等の責任追及（法40条1項。Q24）を行うことができないことも考えられ、公平義務違反により損害を受けるおそれのある一部の受益者を保護する必要があるため、信託法では、この差止請求を認めているものです。差止請求権については、受託者が複数いる場合には、公平義務違反を行った受託者以外の他の受託者にも付与されており（法85条4項）、信託契約等の定めにより、委託者にも付与することが可能です（法145条2項9号）。

第4節　受託者

受託者の忠実義務とは何ですか。

■■ 解　説 ■■

忠実義務とは

受託者は、もっぱら信託財産（受益者）の利益のためにのみ行動すべきであり、この義務を忠実義務といいます。信託法では、受託者は、受益者のため忠実に信託事務の処理その他の行為をしなければならない（法30条）として、忠実義務を定めています。

忠実義務については、信託法30条の一般的な義務のほか、類型的な義務として、利益相反行為の制限と競合行為の制限について規定を置いています（図表1－16）。

利益相反行為の制限

利益相反行為については、まず、受託者が、信託財産（その財産に係る権利を含む）を固有財産に帰属させ、または固有財産（その財産に係る権利を含む）を信託財産に帰属させることを制限しています（自己取引。法31条1項1号）。たとえば、信託財産に属する株式を固有財産に属する金銭をもって購入するような行為がこれに当たります。

次に、信託財産に属する財産を他の信託の信託財産に帰属させることを制限しています（信託財産間の直接取引。同条2号）。ある信託財産で保有している株式を別の信託の信託財産に属する金銭で取得することがこれに当たります。

さらに、第三者との間において信託財産のためにする行為で、かつ、自

【図表1－16】忠実義務の内容

一般規定 (法30条)	受託者は受益者のため忠実に信託事務の処理その他の行為をしなければならない	
制限の種類	利益相反行為の制限(法31条)	競合行為の制限(法32条)
制限される行為	信託財産と固有財産との自己取引	ⅰ 受託者として有する権限に基づいて信託事務の処理としてすることができる行為かつ ⅱ これをしないことが受益者の利益に反するもの
	信託財産間の直接取引(相手方の代理人となって取引することを含む)	
	第三者との間において信託財産のためにする行為で、かつ、自己がその第三者の代理人となって行うもの	
	信託財産について、第三者との間で固有財産のために担保差入れする等の、受益者と受託者またはその利害関係人との間の利益相反行為(間接取引)	
例外①	信託行為に許容する定めがあるとき	
例外②	重要な事実を開示して受益者の承認を得たとき	
例外③	相続その他の包括承継のとき	
例外④	信託の目的を達成するために合理的に必要と認められる場合であって、受益者の利益を害しないことが明らかであるとき、または当該行為の信託財産に与える影響、当該行為の目的および態様、受託者と受益者の実質的な利害関係の状況その他の事情に照らして正当な理由があるとき	

己がその第三者の代理人となって行うものについても制限されています（同条同項3号）。信託財産に属する株式を売却する場合に、受託者が買主の代理人になって売買をすることが、これに当たります。

また、信託財産に、固有財産のみを引当てとする債権を被担保債権とする担保権を設定すること等、第三者との間において信託財産のためにする行為で、かつ、受託者またはその利害関係人と受益者との利益が相反することが制限されています（間接取引。同条同項4号）。民法や会社法等で定める利益相反行為の間接取引については、代理人や取締役自身について利益相反する間接取引が制限されていますが、信託法では、受託者のみならず、受託者の利害関係人に関する間接取引も制限されているところに特

徴があります。

　受託者は、これらの利益相反行為をした場合には、信託契約等に別段の定めがない限り、受益者に対してその行為についての重要な事実を通知しなければなりません（同条3項本文）。

　なお、受託者が受益者との間で行う受益権に係る取引（受託者が固有財産で受益権を取得する場合等）についても、形式的には、受託者と受益者の間で利益が相反するように見えるものですが、この場合には、受託者は、信託事務の処理に当たる受託者としての立場ではなく、個人としての立場で（固有財産で）受益者と取引をするものであること、また、受益者は自らの判断で取引に応じるか否かを決定できる立場にあること等に鑑み、利益相反行為の問題にはならないものと整理されています（寺本・前掲125頁）。

競合行為の制限

　受託者として有する権限に基づいて信託事務の処理としてすることができる行為であってこれをしないことが受益者の利益に反するものについては、これを固有財産または受託者の利害関係人の計算でしてはならず、これを競合行為の制限といいます（法32条1項）。

　競合行為とは、信託事務として行う機会があるにもかかわらずこれを行わず、それにより受益者の利益を害する行為をいいます。たとえば、運用により確実に利益が生じる商品がある場合に、これが運用対象となる信託を受託している（購入可能である）状態であったにもかかわらず、信託財産では購入せずに固有財産でそれを購入するという行為が、競合行為となります。

　受託者は、競合行為をした場合にも、信託契約等に別段の定めがない限り、受益者に対してその行為についての重要な事実を通知しなければなりません（同条3項）。

4　利益相反行為・競合行為の制限の例外

(1)　利益相反行為の制限の例外

　信託法では、4つの類型の利益相反行為の制限の例外が認められています（法31条2項）。

　その類型とは、①信託契約等で許容する旨の定めがあるとき、②受託者が「重要な事実」を開示して受益者の承認を得たとき（信託契約等でこれを禁ずる旨の定めがある場合を除く）、③相続その他の包括承継により信託財産に属する財産に係る権利が固有財産に帰属したとき、④受託者がその利益相反行為をすることが信託目的の達成のために合理的に必要であり、受益者の利益を害しないことが明らかであるとき、またはその利益相反行為の信託財産に与える影響、当該行為の目的および態様、受託者の受益者との実質的な利害関係の状況その他の事情に照らして正当な理由があるときです。

　なお、受託者は、信託事務処理を実施する際には、善管注意義務を負っていますので、利益相反行為がこの例外により認められる場合であっても、善管注意義務違反となることもありうるので、注意が必要です。

(2)　競合行為の制限の例外

　競合行為の制限の例外については、上記利益相反の制限の例外の①・②が定められています（法32条2項）。

　信託銀行では、信託業務と銀行業務を取り扱っているところ、信託業務でも銀行業務でも貸出しを行っているため、形式的には競合行為に該当する行為が日常的に行われています。

　このような行為は、形式的には競合行為に当たるおそれがありますが、競合行為における「『受益者の利益に反する』」か否かは、実質的に判断され、信託銀行が現状行っている『競合貸付』については、信託銀行が信託勘定と銀行勘定の双方による貸出しを恒常的に行っていることは委託者も所与の前提として信託契約を締結していると考えられるから、特段の事情

第4節　受託者

がない限り、『受益者の利益に反する』の要件を満たさず、競合行為には当たらないものと考えられる」と解釈されており（村松・富澤・鈴木・三木原・前掲99頁）、すべてが競合行為に該当するものではないとされています。

　また、競合貸付けが実施された後に、その貸付先が倒産した場合の弁済の方法についても少なくとも固有財産と信託財産のそれぞれの有する債権の残高の額に応じて按分して弁済を受ける、いわゆるプロラタでの弁済を受ける限りにおいては、「受益者の利益に反する」との要件に該当しないことから競合行為に該当せず、許容されると考えられます。たとえば、破産手続において、破産債権として届出を行う場合、届出を行うのは受託者1人ですが、債権については固有財産からの貸出債権と信託財産からの貸出債権があり、それぞれについて破産配当率に応じた額の弁済を受けることがこれに当たります。固有財産からの貸出債権について弁済を受けたものを信託財産からの貸出債権に充当することは他の債権者との関係でも公平性を欠くことからすれば、自然な帰結ともいえるでしょう。

5　忠実義務違反の効果（図表1－17）

(1)　利益相反行為の制限に違反した場合

　利益相反行為の制限に違反した場合のうち、まず、自己取引と信託財産間の直接取引は、同一人格内の取引であるため、無効となります（法31条4項）。一方で、受益者は、選択的に、その取引を追認し、その行為の時にさかのぼってその効力を生じさせることもできます（同条5項）。たとえば、信託財産と固有財産の間で、信託財産にある金銭で固有財産にある株式を（通常の取引価格よりも高い価格で）購入した場合、その取引は原則として無効されますが、その後、大幅な値上がりをしたようなときには、受益者としては、その株式を信託財産で引き続き保有したほうがよいということになります。このような場合に、受益者は、選択的に、信託財産による固有財産からの株式の購入に係る取引を追認することができると

いうものです。

　一方で、同一人格内の取引であるとしても、その後、さらに第三者と取引がされた場合には、第三者が介在するために、第三者の保護も視野に入れる必要があります。このような場合、受益者は、最初の利益相反行為について、第三者が利益相反行為の制限に違反して取引がなされたことを知っていたとき、または、知らなかったことについて重大な過失があったときに限って、その取引を取り消すことができます（同条6項）。この際、2人以上の受益者のうちの1人が取消権を行使したときは、その取消しは、他の受益者のためにも、その効力が生じます。受益者は取消しをせずに、損失てん補の請求をすることも可能です。

　第三者との間において信託財産のためにする行為で、かつ、自己がその第三者の代理人となって行った場合や、間接取引で受託者またはその利害関係人と受益者との利益が相反する行為をした場合には、利益相反行為の制限に違反して取引がなされたことを知っていたとき、または、知らなかったことについて重大な過失があったときに限って、受益者は、これを取り消すことができます（同条7項）。

　これらの受益者による取消権については、受託者の権限違反行為の取消しと同様に、受益者（信託管理人を含む）が取消しの原因があることを知った時から3か月間行使しないとき、または、取引の時から1年を経過したときは、時効によって消滅します。

(2)　競合行為の制限に違反した場合

　競合行為の制限に違反した場合、その取引自体は有効とされたうえで、受益者は、第三者を害することがない限り、当該行為が信託財産のためにされたものとみなすことができます（法32条4項）。利益相反行為の制限に違反した場合のうち、同一人格内であれば無効となるのと同様、同一人格内の処理を（第三者の権利を害しない範囲で）認めているものです。

　この権利は、取引の時から1年を経過したときは、時効によって消滅します（同条5項）。

【図表1－17】忠実義務違反の効果

行為類型	利益相反行為（法31条4～7項）		競合行為（法32条4・5項）
	自己取引・信託財産間の直接取引	第三者との間での間接取引等	
行為の有効性	受託者の中で解決できる問題であることから無効	第三者が悪意重過失のときに限って受益者は取消しが可能（知った時から3か月、行為の時から1年で消滅）	当該行為自体は有効
救済手段	受益者は、追認して損失てん補等の請求（法40条1項）も可能	受益者は、取消せずに損失てん補等の請求（法40条1項）も可能	受益者は、第三者を害する場合を除いて、その行為が信託財産のためにされたものとみなすことができる（行為の時から1年で消滅）
			受益者は、その行為をそのまま追認し損失てん補等の請求（法40条1項）も可能
	忠実義務違反における効果の特則（法40条3項） 受託者が、忠実義務違反行為を行った場合には、受託者やその利害関係人が得た利益の額と同額の損失を信託財産に生じさせたものと推定する		

(3) 忠実義務に違反した場合の損失額の推定

　受託者が、忠実義務違反行為を行った場合、損失てん補に関する特則として、受託者やその利害関係人が得た利益の額と同額の損失を信託財産に生じさせたものと推定することが定められています（法40条3項）。これは、受益者からは、信託財産の損失等を証明することが困難であるため、立証責任を転換したものです。

Q 20 受託者の分別管理義務とは何ですか。

■■■ 解 説 ■■■

1 分別管理義務とは

　分別管理義務とは、信託財産と固有財産または他の信託財産とを、財産の区分に応じた方法で分別管理しなければならない受託者の義務をいいます（法34条1項柱書）。

　信託の設定にあたっては信託財産を特定しなければなりませんが、信託財産を特定し、独立性を有するようにするためには分別管理が必要であり、これにより受託者や他の信託財産の倒産からの隔離が確保されることになります。分別管理義務は、受託者の忠実義務違反、善管注意義務違反の行為を未然に防止する機能をも果たすことになります。

　分別管理の方法については、図表1－18に定める方法による必要があります。

【図表1－18】分別管理義務

財産の種類	管理方法	免除
①信託の登記・登録をすることができる財産	信託の登記・登録	不可能※
②動産（金銭を除く）	外形上区別することができる状態で保管（物理的分別）	可　能
③金銭・その他の財産（①・②・④以外の財産）	その計算を明らかにする方法（帳簿による分別）	可　能
④信託財産であることの対抗要件が信託の記載・記録である財産	信託の記載・記録およびその計算を明らかにする方法（帳簿による分別）	可　能

※全部免除はできないが、たとえば、信託銀行等の信用がある受託者が、もし経済的窮境に至ったときに遅滞なく登記・登録をする義務があるとしたうえで、それまでの期間について登記・登録の留保をすることは可能と考えられます。

信託行為による分別管理の別段の定め

　分別管理の方法については、実務における柔軟性、信託財産の効率的な管理、処分を確保するため、信託契約等で定める方法によることが可能です（法34条1項ただし書）。
　一方で、信託の登記または登録をすることができる財産は、信託の登記・登録を行わない限り、受託者の倒産からの隔離効果が得られないこと等から、その免除は認められていません。ただし、「抵当権の実行が必要になるまで抵当権の移転の付記登記及び信託の登記を行わない旨の信託行為の定めは有効と解して差し支えない。」とされており（村松・富澤・鈴木・三木原・前掲112頁）、合理的な範囲での猶予は認められるものと考えられます。
　また、信託財産の中には、数か月以内に売却するものや経済的価値のない建物等もあり、このようなものまで信託登記を義務付けるのはコスト等の面から不合理であり、かえって受益者の利益にならない場合もあることから、猶予に合理性が認められるケースもあり得ます。

分別管理義務違反の責任

　受託者が、信託法34条の分別管理義務の規定に違反して信託財産を管理した場合に、信託財産に損失または変更を生じたとき、受託者は、分別管理をしたとしても損失または変更が生じたことを証明しなければ、損失てん補等の責任を免れることができません（法40条4項）。

Q 21 信託事務について受託者は第三者に委託できるのですか。

■■ 解 説 ■■

1 信託事務の処理の第三者への委託

　信託においては、基本的には、受託者が自ら信託事務の処理を行うことが前提となりますが、信託事務の処理を第三者に委託する必要があったり、その方が効率がよく、受益者のためになることもあります。そこで、信託事務の処理の第三者への委託について、信託行為の定めによる場合や信託目的に照らして相当である場合について他人への委託を許容するものとしています。また、信託行為において信託事務処理の委託が禁止されている場合でも、信託目的に照らしてやむを得ない事由があると認められるときには第三者へ委託できることとしています（法28条。図表1－19）。

　ここで、信託目的に照らして相当である場合については、たとえば、受託者より高い能力を有する専門家を使用する場合や、特に高度な能力を要しない事務について、受託者が自ら処理を行うよりも他人に委託したほうが費用や時間等の点で合理的な場合等、他人に委託することが適当な場合これに該当するものと考えられます。

　反復継続して信託の引受を行う場合に適用される信託業法においても、図表1－19のとおり、一定の範囲での信託業務の委託を認めています（信託業法22条1項・3項）。

第4節 受託者

【図表1-19】信託事務（信託法）および信託業務（信託業法）の第三者への委託

		信託法（28条・35条）	信託業法（22条・23条）
委託できる場合		次のいずれかの場合（28条） ・信託行為の定めがある場合 ・信託行為の定めがないが、信託の目的に照らして相当である場合 ・信託行為に委託禁止の定めがあるが、信託の目的に照らしてやむを得ない事由がある場合	次のすべてを満たす場合（ただし、以下の①～③の業務はこれに限らず委託可能。22条1項・3項） ・信託行為に信託業務を委託する旨およびその委託先等が明らかにされていること ・委託先が委託された信託業務を的確に遂行することができる者であること
受託者の責任	原則	委託先の選任・監督責任を負う（35条1項2項）	選任・監督義務を果たした場合を除き、受益者への損害の賠償責任を負う（23条1項）
	例外	次の指名に従い第三者に委託した場合には、第三者の不適任・不誠実、事務処理の不適切を知りながら受益者への通知を怠った場合のみ選任・監督責任を負う ・信託行為における指名 ・信託行為の定めに基づく委託者または受益者の指名 （35条3項）	次の指名に従い第三者に委託した場合には、第三者の不適任・不誠実、事務処理の不適切を知りながら受益者への通知を怠った場合のみ責任を負う ・信託行為における指名（委託先が委託者と密接関係にあり、受益者と密接関係にない場合に限る） ・信託行為の定めに基づく委託者の指名（委託先が委託者と密接関係にあり、受益者と密接関係にない場合に限る） ・信託行為の定めに基づく受益者の指名 （23条2項）
委託先の義務・責任	対象業務の範囲	委託されたすべての事務	次の業務以外の業務 ①信託財産の保存 ②信託財産の性質を変えない範囲内での利用または改良 ③信託業務の遂行にとって補助的な機能を有する行為等受益者の保護に支障を生ずることがない業務 （22条3項、信託業法施行規則29条）
	内容	民法上の委任に基づく義務・責任を受託者に対してのみ負う（民法644条等）	忠実義務、善管注意義務、分別管理義務等を負う（22条2項・28条・29条1項・2項）

信託事務処理を委託した場合の責任

　信託事務処理を第三者へ委託した場合、受託者は、信託目的に照らして選任し、信託目的の達成のために必要かつ適切な監督を行う責任を負います（法35条1項・2項）。例外として、①信託契約等で委託先を指名している場合、または、②信託契約等で委託者または受益者の指名に従い委託する旨の定めがあり、その定めに従い指名された場合には、その責任を負いません（同条3項）。ただし、その場合でも、委託先が不適任・不誠実であること、または委託先の事務の処理が不適切であることを知ったときは、必要な措置をとらなければなりません（同条同項ただし書）。

　なお、信託事務処理の委託を受けた者について、信託法では特段の定めを置いていませんので、委託を受けた者は、民法の委任の規定により、善管注意義務等を負うことになります。

　また、反復継続して信託の引受を行う場合に適用される信託業法においても、図表1－19（前頁）のとおり、信託事務処理を委託した場合の責任について定めています（信託業法22条2項・3項・23条）。

委託不可にもかかわらず委託したときの責任

　受託者が、信託法28条の委託の規定に違反して、信託事務の処理を第三者に委託した場合、信託財産に損失または変更を生じたときは、受託者は、第三者に委託をしなかったとしても損失または変更が生じたことを証明しなければ、損失てん補等の責任を免れることができません（法40条2項）。

Q 22 受託者の報告義務・帳簿作成義務とは何ですか。

■■ 解 説 ■■

1 報告義務

委託者または受益者は、受託者に対し、信託事務の処理の状況ならびに信託財産に属する財産および信託財産責任負担債務の状況について報告を求めることができ（法36条）、受託者は、これに応じる義務があります。この報告義務については、信託契約等で合意したとしても免除することはできません。

2 帳簿作成等の義務

受託者は、①信託事務に関する計算、信託財産に属する財産、信託財産責任負担債務の状況を明らかにするために、信託財産に係る帳簿その他の書類または電磁的記録を作成する必要があります。また、②貸借対照表、損益計算書その他の法務省令で定める書類または電磁的記録（財産状況開示資料）を毎年1回一定の時期に作成して、受益者に対し報告する必要があります（法37条）。

これらの書類の作成については、信託契約等で排斥することはできませんが、受益者への報告については、上記報告義務があることから毎年1回の報告まで必須とする必要がないため、信託契約等での免除も認められています。①②の書類と信託財産に属する財産の処分に係る契約書その他の信託事務の処理に関する書類または電磁的記録については、10年間保存する義務が受託者に課せられています。

Q 23 受益者の帳簿閲覧等・受益者情報の開示請求権について教えてください。

■■ 解 説 ■■

1 信託帳簿等の閲覧等の請求

　受益者は、受託者に対し、請求の理由を明らかにして信託帳簿等の閲覧または謄写の請求をすることができます（法38条1項）。

　ただし、開示することが適切ではない場合もありますので、下記図表1－20の事由がある場合、受託者は閲覧等を拒否することができます（同条2項）。

【図表1－20】帳簿閲覧等の拒否事由

① 請求を行う者がその権利の確保または行使に関する調査以外の目的で請求を行ったとき
② 請求者が不適当な時に請求を行ったとき
③ 請求者が信託事務の処理を妨げ、または受益者の共同の利益を害する目的で請求を行ったとき
④ 請求者が当該信託に係る業務と実質的に競争関係にある事業を営み、またはこれに従事するものであるとき
⑤ 請求者が前項の規定による閲覧または謄写によって知り得た事実を利益を得て第三者に通報するため請求したとき
⑥ 請求者が、過去2年以内において、前項の規定による閲覧または謄写によって知り得た事実を利益を得て第三者に通報したことがあるものであるとき
※③～⑥の拒否事由は、受益者が1人の信託の場合や、すべての受益者から請求があった場合は拒否事由となりません。

2　他の受益者の氏名等の開示の請求

　受益者が2名以上ある場合、受益者は、受託者に理由を明示して、他の受益者の氏名または名称・住所、または他の受益者が有する受益権の内容について開示を請求することができます（法39条1項）。ただし、開示することが適切ではない場合もありますので、下記図表1－21の事由がある場合、受託者は開示を拒否することができます（同条2項）。これらについては、いずれも、信託契約等で異なる定めを置くことが可能です。

【図表1－21】他の受益者情報の開示拒否事由

①　請求者が、その権利の確保または行使に関する調査以外の目的で請求を行ったとき
②　請求者が不適当な時に請求を行ったとき
③　請求者が信託事務の処理を妨げ、または受益者の共同の利益を害する目的で請求を行ったとき
④　請求者が開示によって知り得た事実を利益を得て第三者に通報するため請求を行ったとき
⑤　請求者が、過去2年以内において、開示によって知り得た事実を利益を得て第三者に通報したことがあるものであるとき

　受益者が複数の場合で、権利の行使を行うときの意思決定については、後述するように、信託法92条各号で定められた権利以外は、受益者の全員一致を原則としており、その信託の他の受益者と事前協議をする等意思の疎通を図る必要性があることから、他の受益者の氏名等について開示請求できることとしているものです。

Q 24　受託者が義務違反をした場合の責任について教えてください。

■■ 解　説 ■■

 受託者の責任

　受託者が各種の義務に違反した場合、その任務を怠ったことによって信託財産に損失が生じたときには、受益者は、その受託者に対し、損失のてん補を請求できます。また、受託者の任務懈怠により信託財産に変更が生じたときには原状の回復を請求できます（以上、法40条1項本文）。

　「原状の回復が著しく困難であるとき、原状の回復をするのに過分の費用を要するとき、その他受託者に原状の回復をさせることを不適当とする特別の事情があるとき」は、原状の回復に代えて損失のてん補請求とすることができるものとされています（同条1項ただし書）。

　このとき、受益者は原状の回復の請求はできません。特別の事情があるか否かについては、「『受託者が原状の回復をするのに要するコストの社会的妥当性』、『原状の回復によって増加する信託財産の価値と原状回復に要する費用の比較』、『信託目的に照らした原状回復の必要性の程度』等を要素として個別的に判断することになる」ものと説明されています（村松・富澤・鈴木・三木原・前掲135頁）。

 法人受託者の役員の責任

　受託者が法人である場合、その理事、取締役もしくは執行役またはこれらに準ずる者は、法人が損失てん補等の責任を負う場合、法人が行った法令・信託契約等に違反する行為について知っておりまたは知らなかったこ

とに重大な過失があるときには、受益者に対し、その法人と連帯して損失のてん補または原状の回復をする責任を負います（法41条）。

 受託者の責任の特則

受託者の任務懈怠責任に関し、忠実義務違反の場合の損害額や、信託事務の委託、分別管理義務違反があった場合の立証責任の転換に関する特則については、前記Q19～21で記載したとおりです。

 損失てん補責任等の免除

受益者は、上記の損失てん補・原状回復責任や、法人受託者の役員の連帯責任を事後的に免除することができます（法42条）。

これらの受託者等の責任を免除する際に、受益者が複数の場合においては、受益者の全員一致が原則ととなりますが、受託者の責任（法40条）に関し、受託者がその任務を行うにつき善意で、かつ、重過失がなかった場合の責任の一部の免除は、受益者集会（法4章3節2款）の多数決によることが可能とされています（法105条3項）。

一方で、受託者に悪意または重大な過失があった場合の一部免除もしくは全部の免除の場合、または、法人受託者の役員の連帯責任（法41条）の免除の場合は、全受益者の一致のみによって決定されます（法105条4項）。

 損失てん補責任等に係る債権の期間の制限

(1) 受託者の損失てん補責任等

受託者等の填補責任等については、債務不履行責任に準ずるものであるため、受託者の任務違反行為に基づく損失てん補責任等については、債務不履行によって生じた責任に係る債権の消滅時効の例によることになりま

す（法43条1項）。

　したがって、一般の信託については、民法上の債務不履行による損害賠償請求権と同様、10年間（民法167条1項）で消滅時効が成立し、当事者の一方について営業となる信託等については、商行為として、5年間（商法522条）で消滅時効が成立します。

　ただし、受益者として指定された者は、受益権を有していることを知らないこともあるため、受益者の債権の消滅時効は、受益者が受益者としての指定を受けたことを知るに至るまでの間（受益者が現に存しない場合には信託管理人が選任されるまでの間）は、進行しないものとされています（法43条3項）。

　一方、消滅時効がいつまでも進行を開始しないことによる、権利関係の安定性が損なわれることを避けるため、受託者がその任務を怠ったことによって信託財産に損失または変更が生じた時から20年を経過したときは、除斥期間の経過として、損失てん補責任等の請求権は消滅します（同条4項）。

(2) 法人受託者の役員の連帯責任に係る債権

　法人受託者の役員の連帯責任（法41条）に係る債権の消滅時効については、一律に10年間とされています（法43条2項）。一方で、受益者が受益者としての指定を受けたことを知るに至るまで（受益者が現に存しない場合には、信託管理人が選任されるまで）の間は進行しないこと、20年の除斥期間があることについては、一般の損失てん補責任の場合と同様です（同条3項・4項）。

Q 25 信託事務のための費用が不足する場合、どうすればよいのですか。

■■ 解 説 ■■

1　信託財産責任負担債務

　受託者が信託財産に属する財産をもって履行する責任を負う債務（信託財産責任負担債務）については法定されており（法21条1項）、そのうち一部の債務（信託財産限定責任負担債務）については、受託者は、信託財産のみをもってその履行の責任を負うことについては、Q7で述べたとおりです。一方で、信託財産限定責任負担債務以外の債務については、受託者は、信託財産により履行できない場合、自身の固有財産をもって履行する責任を負うことになります。

　それでは、自身の固有財産をもって履行した場合、信託財産にこれらの償還の請求ができるのでしょうか。

2　信託財産に対する費用等の償還請求権

　受託者は、信託事務を処理するのに必要と認められる費用を固有財産から支出した場合（固有財産で立て替えた場合、前払いの場合も含む）、信託財産からその費用と立て替えた日以後の利息の償還を受けることができます（法48条1項）。この点については、信託契約等で別段の合意をすることも可能です。

　償還等については、信託財産に属する金銭等を固有財産に帰属させる方法で行うことになります（同法49条1項）。必要があるときには、信託財産を処分することもできますが（同条2項本文）、その財産を処分するこ

とにより信託の目的を達成することができなくなる財産については処分できません（同項ただし書）。この点についても、信託契約等で別段の合意をすることも可能です。

償還請求権と信託債権との関係

上記の償還請求権のうち、信託債権者の共同の利益のためにされた信託財産の保存、清算または配当に関する費用については、民法307条1項の先取特権と同順位として、他の債権に優先するものとされています（法49条6項）。

また、信託財産の保存のための支出その他の当該財産の価値の維持のために必要なもので、信託財産の価値の増加に有益であると認められるものについては、支出額または現に有する増加額のいずれか低い金額が、信託債権に優先することになります（同条7項）。

これらのもの以外の償還請求権については、他の信託債権と同順位となり、破産手続でいうところの一般債権としての地位を有することになります。

信託財産責任負担債務の弁済による受託者の代位

受託者が信託財産責任負担債務を固有財産で弁済したことにより信託財産に償還請求権を有する場合、その弁済は、実質的には、民法500条の弁済をすることについて正当の利益を有する者による弁済と同視できるため、その信託財産責任負担債務に係る債権を有する債権者に代位します。この場合、受託者が有する権利は、その代位との関係では、金銭債権とみなすものとされています（法50条1項）。これは、本来、固有財産から信託財産に対する費用償還請求権は受託者という同一人格内におけるものであって厳密には債権に当たらないのですが、債権とみなさないと債権者に代位することによる（たとえば債権者が有する担保権の可能であるといっ

た）メリットを享受することができないため、金銭債権とみなすこととしたものです。

この場合、担保権者と担保権設定者が同一（双方とも受託者）となりますが、信託による混同の例外の規定（法20条）により、その担保権は消滅しません。

なお、受託者が債権者に代位するときは、受託者は、当該債権者に対して、遅滞なく、債権者の有する債権が信託財産責任負担債務に係る債権である旨と、これを固有財産により弁済した旨を通知する必要があります（法50条2項）。

 受益者に対する費用等の償還請求権

信託事務のための費用が不足する場合、上記のとおり、信託財産に対する費用等の償還請求はできるものの、受益者に対しては、その請求はできないのが原則です。

これは、信託事務は、受託者の裁量により行われ、信託に関するリスク管理は、受託者が行うことができるため、信託契約等の当事者となっていない受益者が費用等を負担する必要性は乏しいとの考え方によるものです。

ただし、受益者が費用を負担すべき信託もあるため、受託者が受益者との間の個別の合意に基づいて、受益者から費用等の償還または費用等の前払いを受けることは可能です（法48条5項）。

この場合の受益者との間の合意については、委託者と受益者が同じ自益信託の場合は、信託契約書において約定することも可能です。また、委託者との間で、信託契約書において、委託者が信託に関する費用等の補償を約定することも何ら問題はありません。

信託契約に登場しない受益者がいる場合に、受益者に対して費用等の償還請求をするためには、受益者の変更の都度、それぞれの受益者との間でかかる合意をする必要があります。

Q 26 信託報酬については契約書等で記載しなくてももらえるのですか。

■■ 解 説 ■■

　受託者の信託報酬に関しては、民法上の委任が原則として無報酬（民法648条）であることから、信託報酬についても同様に無報酬を原則としつつ、信託の引受けについて商法512条の適用がある場合のほか、信託契約等で受託者が信託財産から信託報酬を受ける旨の定めがある場合に限り、信託報酬を受けることができるものとしています。ここで、信託報酬も広くは信託財産に関する費用であること、信託の関係者のいずれにとっても便宜であることから、信託財産を原資としています（法54条1項）。

　信託報酬の額は、信託契約等に信託報酬の額や算定方法の定めがあるときはこれに従い、ないときは相当の額を信託報酬とすることとされています（同条2項）。相当の額については、受託者が、いったんは決めますが、受託者が自己に有利な額を相当の額であるとして、信託財産を費消するおそれがあります。よって、受託者は、受益者に対し、信託報酬の額およびその算定の根拠について通知する必要があります（同条3項）。

　信託報酬を受ける権利の行使方法、受託者が信託報酬を受ける権利の満足を得られなくなったときの信託の終了方法については費用等の場合と同様です（法54条4項・48条4項・5項・49条1項～5項・51条・52条）。一方で、信託報酬を受ける権利については、他の債権者に対する優先権はありません。

第4節 受託者

Q 27 受託者の任務はどのような場合に終了するのですか。

■■ 解 説 ■■

1 受託者の任務の終了と信託の継続

　受託者の任務は、以下の図表1－22の場合に終了しますが（法56条1項）、これによって信託自体が終了することはなく、信託自体は継続するのが原則です（例外的に、受託者不在が1年間継続すると信託自体も終了します。法163条3号）。なお、④等の一部の場合については、信託契約等においてその事由が生じても受託者の任務が終了しない旨の定めを置くことができます。

【図表1－22】受託者の任務終了事由

① 信託の清算の結了
② 受託者である個人の死亡
③ 受託者である個人の後見開始または保佐開始の審判
④ 受託者の破産手続開始の決定（受託者が破産手続開始の決定により解散するものを除く）
⑤ 受託者である法人の合併以外の理由による解散
⑥ 受託者の辞任
⑦ 受託者の解任
⑧ 信託行為において定めた事由の発生

　法人受託者の合併は受託者の任務終了事由ではないため、合併後存続する法人または合併により設立する法人が受託者の任務を引き継ぎます。また、受託者である法人が分割をした場合は、分割により受託者としての権利義務を承継する法人がこれを引き継ぐことになります（信託契約等による別段の合意も可。法56条2項・3項）。

受託者の辞任

　受託者は、信託契約等に別段の定めがある場合を除き、受益者および委託者の同意を得て、辞任することができます（法57条1項）。この点、委託者が現に存しない場合には、受益者のみの同意による辞任はできません（同条6項）。

　また、やむを得ない事由がある場合で裁判所の許可を受けたとき（同条2項）にも辞任することができます。

 ## 受託者の解任

　委託者および受益者は、信託契約等に別段の定めがある場合を除き、いつでも、その合意により、受託者を解任することができます（法58条1項・3項）。よって、信託契約等に別段の定めがなければ、特に受託者の解任に関する規定を置いていないとしても、受託者の承諾がなくとも、委託者および受益者の合意により、受託者の解任を行い、受託者の変更をすることができます。なお、委託者が現に存しない場合には、受益者のみによる解任はできません（同条8項）。

　ここで、受託者を解任する場合、やむを得ない事由があるときを除いて、委託者および受益者は、受託者の損害を賠償する必要があります（法58条2項・3項）。

　また、受託者が、その任務に違反して信託財産に著しい損害を与えているにもかかわらず、（受託者の通謀等により）委託者・受益者の一方が受託者の解任に応じない場合も想定されるため、このような重要な事由があるときは、委託者または受益者の申立により、裁判所が受託者を解任できるものとしています（同条4項）。

第4節　受託者

Q 28 受託者の変更による引継ぎについて教えてください。

■■■　解　説　■■■

  前受託者の通知および保管の義務等

　受託者の辞任、解任、法人受託者の解散または信託行為に定めた事由によって受託者の任務が終了した場合、前受託者は、受益者に対し、その旨を通知する義務があります（信託契約等による別段の定めも可。法59条1項・86条1項）。

　前受託者は、原則として、新受託者が信託事務処理ができるまで、引き続き信託財産の保管と信託事務の引継ぎに必要な行為をする必要があります（信託契約等による加重も可。法59条3項・86条1項）。

　受託者の辞任の場合は、原則として、受託者の権利義務を信託財産の保管等に止めておく緊急の必要性に乏しいことから、前受託者は、新受託者等が信託事務の処理ができるまで、引き続き受託者としての権利義務を有します（信託契約等による別段の定めも可。法59条4項・86条1項）。ただし、前受託者が信託財産を処分しようとするときは、受益者は、処分をやめることを請求できます（法59条5項）。

  前受託者の相続人等の通知および保管の義務等

　受託者個人の死亡・後見開始または保佐の審判により受託者の任務が終了した場合、前受託者の相続人、成年後見人、保佐人（前受託者の相続人等）は、知れている受益者と他の受託者に対してこれを通知する義務を負います（信託契約等による別段の定めも可。法60条1項・86条2項）。

また、すべての受託者の任務が終了した場合には、前受託者の相続人等は、新受託者等が信託事務処理をできるまで、信託財産の保管をし、かつ、信託事務の引継ぎに必要な行為をしなければなりません（法60条2項・86条2項）。この間に前受託者の相続人等が信託財産を処分しようとするときは、受益者は、処分をやめることを請求できます（法60条3項）。

以上については、受託者が、破産手続開始の決定を受けた場合も同様です（法59条1項・86条1項・2項・60条4項・5項）。また、破産管財人が信託財産を誤って売却することのないように、前受託者は破産管財人に対して、信託財産の内容および所在、信託財産責任負担債務の内容その他の事項（信託法施行規則5条）を通知しなければなりません（信託契約等による別段の定めは不可。法59条2項）。

これらの前受託者の義務等についてまとめたものが図表1－23です。

【図表1－23】前受託者の義務等

任務の終了事由	前受託者の受益者への通知義務	前受託者等の処分の差止請求	権利義務の主体	前受託者等の権利義務	権利義務の承継時
①個人受託者の死亡	有	有	前受託者の相続人	信託財産に属する財産の保管信託事務の引継ぎに必要な行為	前受託者の任務の終了時
②個人受託者の後見開始・保佐開始の審判			前受託者の成年後見人保佐人		
③受託者の破産手続開始の決定	有（破産管財人への通知は必須）		前受託者の破産管財人		
④法人受託者の解散（合併除く）	有		前受託者		
⑤-1裁判所の許可による辞任					
⑥解任					
⑤-2委託者および受益者の同意または信託行為の定めによる辞任		無		受託者としての権利義務	新受託者の就任時

第4節　受託者

 ## 新受託者の選任

　受託者の任務が終了すると、信託契約等の定めに従い新受託者が選任されますが、特に定めがない、あるいは、新受託者として指定された者が信託の引受けをしない場合は、委託者および受益者の合意によって、新受託者の選任が可能です（法62条1項）。必要がある場合は、利害関係人の申立による新受託者の選任も可能です（同条4項）。

 ## 受託者の任務終了時の信託に関する権利義務の承継等

　新受託者の就任により、新受託者は、前受託者の任務終了時に、信託に関する権利義務を承継したものとみなされます（法75条1項）。
　受託者の辞任（法56条1項5号・57条1項）により受託者の任務が終了した場合には、上記1のとおり、前受託者は引き続き受託者としての権利義務を有することから、原則として、新受託者は、新受託者等が就任したときに、その時に存する信託に関する権利義務を前受託者から承継したものとみなされます（法75条2項）。

 ## 承継された債務に関する受託者の責任

　受託者の変更により債務が承継された場合、前受託者は、自己の固有財産により、その承継された債務を履行する責任を負い（責任財産が信託財産に限定されている場合を除く。法76条1項）、一方、新受託者は、信託財産の限度においてのみその履行責任を負います（同条2項）。

 ## 新受託者への事務引継ぎ等

　新受託者等が就任した場合、前受託者は、遅滞なく、信託事務に関する

計算を行い、すべての受益者（信託管理人を含む）に対して、承認を求めるとともに、新受託者等が信託事務の処理を行うのに必要な信託事務の引継ぎをする必要があります（法77条1項）。信託事務の計算の承認がされた場合には、前受託者の職務の執行に不正の行為があるときを除き、受益者に対する信託事務の引継ぎに関する責任は、免除されたものとみなされます（同条2項）。信託事務の円滑な運営の観点から、前受託者が信託の計算の承認を求たときから1か月以内に受益者が異議を述べなければ、信託の計算は承認されたものとみなされます（法77条3項）。

なお、受託者である個人が死亡、後見開始または保佐開始の審判を受けたことにより受託者の任務が終了した場合は、前受託者による引継ぎはできないため、前受託者の相続人等が引継ぎの義務を負い、前受託者の破産手続開始決定による任務終了の場合は破産管財人がその義務を負います（法78条）。

第4節　受託者

Q 29　受託者が複数の場合、どのような役割分担になるのですか。

■■ 解　説 ■■

  複数受託の信託

　信託においては、受託者を複数とすることが可能です。たとえば、受託者ごとに信託事務の役割分担をしたり、委託者の親族である受託者が生活の面倒をみつつ、財産管理については信託銀行等の専門家が受託者となって行ったりすること等が考えられます。
　受託者が複数の信託の場合の信託財産の所有形態は合有であり（信託契約等による変更不可。法79条）、登記名義も合有となります。

  複数受託の場合の信託事務処理

　受託者が複数の場合の信託事務処理の決定については、原則として多数決となり、信託事務の執行自体は単独執行（保存行為は、単独決定・単独執行）が原則となります（信託契約等による別段の定め可。法80条1項・2項）。
　また、受託の特別な形態として、職務分掌型の形態があり、信託契約等で、受託者の職務分掌に関する定めがある場合には、分掌された職務の範囲で、単独で決定し執行することができます（同条4項）。この場合、職務分掌者には、自己の分掌する職務に関し、当事者適格が認められます（法81条）。
　信託事務処理の決定に基づく信託財産のための行為について、各受託者は、他の受託者を代理する権限を有します（法80条5項）。一方で、各受

託者は、信託契約等の定めや、やむを得ない事情が生じた場合を除き、他の受託者に、信託事務の処理の決定を委託することはできません（法82条）。

信託事務処理に関して、受託者に対する意思表示については、①受益者によるものと、②受益者以外の第三者によるものが考えられます。このうち、②については、複数の受託者間で相互に連絡関係があることが通常であるため、受託者の1人に対して意思表示をすれば全受託者に対して有効となります（信託契約等による別段の定め不可。法80条7項本文）。①については、信託契約等に特定の受託者を意思表示の受領権者とする等の定めを置くことを禁止する必要はないことから、受託者の1人に対して意思表示をすれば足りることとしつつ、信託契約等による別段の定めも可能としています（同条同項ただし書）。

複数受託の場合の受託者の責任

(1) 受益者に対する責任

受益者に対する責任には、受益債権に関する受託者の給付責任と、損失てん補等の責任とが考えられます。

このうち、受益債権に関する受託者の給付責任について、受託者は信託財産を限度に給付責任を負うことから、信託法には、特段の規定は置いていません。

次に、損失てん補等の責任については、受託者の任務違反についての故意または過失に基づく責任であるため、任務違反行為にまったく関与していない受託者にも連帯責任を負わせることは、相当ではありません。よって、意思決定または対外的な執行行為をした各受託者が連帯責任を負うこととなり、任務違反行為にまったく関与していない他の受託者の責任については規定がありません（法85条1項）。ここで、信託事務の処理の意思決定において反対の意思を表明した受託者は、特段の事情がない限り、故意または過失がないと評価することができることから、損失てん補等の責

任を負うことはないものと考えられます。

　職務分掌のある信託について、各受託者は、分掌された職務の限度で独立して職務を執行しており、職務分掌を受けている受託者が、任務違反行為を行った場合において、職務の分掌を受けていない受託者は、その信託事務に関して意思決定および執行を行っていません。また、このような信託において受託者間の相互監視義務を負うものでもないため、故意または過失がなく、特段の事情がない限り、何らの責任も負わないものと考えられます。

(2) 他の受託者による損失てん補等の請求等

　受託者が複数の場合に、受託者の1人が任務違反行為を行ったときには、受益者の当該受託者に対する請求権を、他の受託者が行使することができます（法85条2項・4項）。

　すなわち、受益者が有する、信託財産に損失等が生じた場合の受益者の損失てん補請求権（法40条1項）、および法人受託者が損失てん補等の責任を負う場合において、その法人が行った法令または信託行為の定めに違反する行為について法人役員に悪意または重大な過失があるときの受益者の損失のてん補等の請求権（法41条）、法令違反行為等を行った場合の受益者の差止請求権（法44条）については、他の受託者による行使も可能です。

(3) 第三者に対する責任

　複数受託の場合の第三者に対する責任については、信託財産を引当てにする責任と、固有財産を引当てとする責任とが考えられます。

　このうち、信託財産を引当てにする責任については、信託財産は複数受託者の合有であることから、受託者が信託事務処理により第三者に対して負担した債務は、各受託者は、職務分掌の定めの有無にかかわらず、信託財産を限度として責任を負います。

　固有財産を引当てとする責任については、①職務の分掌の定めがない場合と、②職務の分掌の定めがある場合に分けて考える必要があります（96頁・図表1－24）。

まず、①職務の分掌の定めがない場合（受託者が共同して信託事務処理を決定し、信託事務を執行した場合）、信託事務の執行は、他の受託者を代理する形で共同して行っていることになります。したがって、職務の執行の有無にかかわらず、各受託者は、連帯債務者となります（法83条1項）。なお、他の受託者を代理する際には、商行為による代理に関する規定が適用され（商法504条）、顕名は必要とされていません。

次に、②職務の分掌の定めがある場合（分掌を受けた受託者が、その定めに従い信託事務を処理するにあたって第三者に対し債務を負担した場合）は、各受託者は、分掌された職務の限度において独立して事務を処理していることから、他の受託者は、信託財産に属する財産を限度に履行する責任を負います（法83条2項本文）。

以上のとおり、職務の分掌の定めの有無により受託者の責任の範囲に差があるため、その状況により、職務分掌の定めがある場合であっても第三者の保護の必要があります。通常、職務分掌の定めのある信託では、各受託者は分掌された職務である信託事務処理を独立して決定し、第三者との取引についても単独で執行します。ここで、信託事務処理に際して第三者と取引をする際、通常はわざわざ他の受託者の名前を出さないため、第三者は、他の受託者の存在を知らず、取引をした受託者以外の受託者の固有財産をも引当てとして債務を履行することを期待していないものと考えられます。

このような状況においてもなお、取引の第三者を保護する必要があるのは、その第三者が、(i) その債務の負担の原因である行為の当時、その行為が信託事務の処理としてされたこと、および(ii) 受託者が複数であることを知っていた場合であって、信託契約等に受託者の職務の分掌に関する定めがあることを知らず、かつ、知らなかったことについて過失がなかったときに限られますので、このような場合にのみ、職務の分掌を受けていない他の受託者は、固有財産を含めて責任を負うことになります（同条同項ただし書）。

【図表 1 − 24】複数受託の場合の第三者への責任

	信託財産を引当てにする責任	固有財産を引当てとする責任	
		①職務の分掌の定めがない場合	②職務の分掌の定めがある場合
行為者以外の受託者の責任	信託財産を限度として責任を負う	連帯債務者となる	原則: 信託財産に属する財産を限度に履行する責任を負う / 例外: (i) 債務負担原因行為の当時、当該行為が信託事務処理としてされたこと、(ii) 受託者が複数であることを第三者が知っていた場合で、職務分掌の定めについて知らず、知らなかったことにつき無過失のときのみ、固有財産を含めて責任を負う

第1章　信託の基本的なしくみ

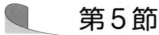

第5節 受益者・委託者等

Q 30　受益者はどのような権利を持っているのですか。

■■ 解 説 ■■

　受益者は信託による利益を享受する者であり、受益権を有する者をいいます（法2条6項）。受益権とは、受託者に対する信託財産の引渡し等の給付債権（受益債権）と、この受益債権を確保するための、受託者等に対する一定の行為を求めることができる権利をいいます（同条7項）。受益者は、この受益権に基づき、信託法および信託契約等に定めるさまざまな権利を有し、特に、一定の裁判所への申立権については、信託契約等の合意があったとしてもこれを制限することができないものとなります（法92条）。信託契約等により制限できない受益者の権利については図表1－25、その他の受益者の権利は101頁・図表1－26のとおりとなります。

　信託契約等の定めにより受益者となるべき者として指定された者は、当然に受益権を取得するのが原則です（法88条1項）。よって、受益者として指定された者は、受益の意思表示をせずとも、当然に受益権を取得することになります。

【図表1－25】信託契約等によっても制限できない受益者の権利（法92条）

号	権 利 内 容	参照条文	委
1	信託法の規定による裁判所に対する申立権	—	
	遺言信託における受託者の選任	6条1項	
	信託財産と固有財産とに属する共有物の分割請求	19条2項	

第5節　受益者・委託者等

1	信託財産と他の信託の信託財産とに属する共有物の分割請求	19条4項	
	検査役の選任	46条1項	○
	受託者の解任	58条4項	◎
	受託者の任務が終了した場合の新受託者の選任	62条4項	◎
	受託者の任務が終了した場合の新受託者が選任されるまでの間の信託財産管理命令	63条1項	◎
	信託財産管理者の解任（58条4項を準用）	70条	◎
	受託者の任務が終了した場合の新受託者が選任されるまでの間の信託財産法人管理命令	74条2項	◎
	信託財産法人管理人の解任（70条において準用する58条4項を準用）	74条6項	◎
	受益権取得請求をした場合の受益権の価格の決定	104条2項	
	信託監督人の選任	131条4項	◎
	信託監督人の解任（58条4項を準用）	134条2項	◎
	新信託監督人の任務が終了した場合の新信託監督人の選任（62条4項を準用）	135条1項	◎
	受益者代理人の解任（58条4項を準用）	141条2項	◎
	受益者代理人の任務が終了した場合の新受益者代理人の選任（受益者代理人に代理される受益者のみ）（62条4項を準用）	142条1項	◎
	特別の事情により信託の変更を命ずること	150条1項	◎
	特別の事情により信託の終了を命ずること	165条1項	◎
	公益の確保のために信託の終了を命ずること	166条1項	◎
	公益を確保するための信託の終了を命ずる申立があった場合の、信託財産の管理命令その他の必要な保全処分	169条1項	◎
	管理命令において選任される管理人の解任（70条において準用する58条4項を準用）	170条4項	◎
	公益の確保のために信託の終了を命じられた場合の新受託者の選任	173条1項	◎
2	遺言信託における信託の引受けの催告権	5条1項	
3	信託財産に属する財産に対する強制執行等に対する第三者異議を主張する権利	23条5項・6項	○
4	23条5項または6項の訴えを提起した場合の、費用または報酬の支弁等に係る信託財産に対する支払請求権	24条1項	◎

第1章 信託の基本的なしくみ

5	受託者の権限違反行為の取消権	27条1項・2項	○
	新受託者等が就任するに至るまでの間の前受託者の権限違反行為の取消権	75条4項	○
6	利益相反行為の取消権	31条6項・7項	○
7	信託事務の処理の状況ならびに信託財産に属する財産および信託財産責任負担債務の状況について報告を求める権利	36条	◎
8	帳簿等の閲覧または謄写の請求権	38条1項	○
		38条6項	◎
9	受託者がその任務を怠った場合の損失のてん補または原状の回復の請求権	40条	○
10	法人である受託者の任務懈怠に対する役員への損失のてん補または原状の回復の請求権	41条	○
11	受託者の違反行為に対する差止めの請求権	44条	○
12	40条、41条または44条の訴えを提起した場合の、費用または報酬の支弁等に係る支払の請求権	45条1項	◎
13	前受託者の信託財産に属する財産の処分に対する差止めの請求権	59条5項	○
14	前受託者の相続人等の信託財産に属する財産の処分に対する差止めの請求権	60条3項・5項	○
15	59条5項または60条3項もしくは5項の訴えを提起した場合の、費用または報酬の支弁等に係る支払の請求権	61条1項	◎
16	信託行為に新受託者となるべき者を指定する定めがあるときの指定された者に対する催告権	62条2項	
17	受益権を放棄する権利	99条1項	
18	受益権取得請求権	103条1項・2項	
19	信託行為に信託監督人となるべき者を指定する定めがあるときの指定された者に対する催告権	131条2項	
20	信託行為に受益者代理人となるべき者を指定する定めがあるときの指定された者に対する催告権	138条2項	
21	受益権原簿記載事項を記載した書面の交付または受益権原簿記載事項を記録した電磁的記録の提供の請求権	187条1項	
22	受益権原簿の閲覧または謄写の請求権	190条2項	
23	受益権原簿記載事項の受益権原簿への記載または記録の請求権	198条1項	

第5節 受益者・委託者等

24	限定責任信託において給付可能額を超えて受益者に対する信託財産に係る給付をした場合の金銭のてん補または支払の請求権	226条1項	○
25	限定責任信託において欠損額が生じたときの金銭のてん補または支払の請求権	228条1項	○
26	会計監査人がその任務を怠ったことによって信託財産に損失が生じた場合の損失のてん補の請求権	254条1項	○

委 ◎…信託契約等の定めがなくても委託者が有する権利
　○…信託契約等で委託者が権利を有する旨を定めることができる権利

【図表1-26】その他の受益者の権利

根拠条文	権利内容	委
第1章　総則		
5条3項	遺言信託における信託の引受けの催告があった場合で、委託者の相続人が現に存しないときの、指定された者による確答を受領する権利	
6条3項	遺言信託における受託者の選任の裁判に対して即時抗告する権利	
第2章　信託財産等		
19条1項2号	受託者に属する特定の財産の共有持分が信託財産と固有財産とに属する場合に、受託者との協議により当該財産を分割する権利	
19条3項2号	受託者に属する特定の財産の共有持分が信託財産と他の信託財産とに属する場合に、(信託管理人が現に存する場合にあっては、信託管理人)との協議により当該財産を分割する権利	
第3章　受託者等		
31条2項2号	利益相反行為の承認権	
31条3項	利益相反行為についての重要事実の通知受領権	
31条5項	無効な利益相反行為の追認権	
32条2項2号	信託事務の処理をしないことが受益者の利益に反するものについて、これを固有財産または受託者の利害関係人の計算でする行為の承認権	
32条3項	信託事務の処理をしないことが受益者の利益に反するものについて、これを固有財産または受託者の利害関係人の計算でした場合の、重要事実の通知を受領する権利	

第1章 信託の基本的なしくみ

32条4項	信託事務の処理をしないことが受益者の利益に反するものについて、これを固有財産または受託者の利害関係人の計算でした場合の、当該行為を信託財産のためにされたものとみなす権利	○
35条3項	受託者が信託事務の処理を委託した第三者が不適任もしくは不誠実であることまたは当該第三者による事務の処理が不適切であることを知ったときの、その旨の通知を受領する権利	
35条3項2号	信託行為において受託者が委託者または受益者の指名に従い信託事務の処理を第三者に委託する旨の定めがある場合において、当該定めによる第三者の指名権	
37条4項	信託財産に係る帳簿その他の書類もしくはその写しの交付または電磁的記録に記録された事項の提供を受領する権利	◎
37条5項	信託財産に属する財産の処分に係る契約書その他の信託事務の処理に関する書類または電磁的記録に記録された事項の提供を受領する権利	◎
37条6項	貸借対照表、損益計算書その他の書類もしくはその写しの交付または電磁的記録に記録された事項の提供を受領する権利	◎
38条4項	受益者が同意をしたときは閲覧または謄写の請求をすることができない旨の定めがある場合の同意権	
39条1項	他の受益者の氏名等の開示の請求権	○
42条	受託者がその任務を怠った場合の損失のてん補または原状の回復の責任を免除する権利	
47条4項	検査役による調査の結果を記載した書面の写しの交付、または記録した電磁的記録の提供を受領する権利	
47条5項	受託者の、検査役による調査の結果を記載した書面の写しの交付、または記録した電磁的記録の提供があった旨の通知を受領する権利	
48条3項	受託者が信託財産から費用の前払いを受ける額およびその算定根拠の通知を受領する権利	
48条5項	受託者へ費用等の償還または費用の前払いをすることに合意する権利	
52条1項	受託者が信託財産から費用等の償還または費用の前払いを受けるのに信託財産が不足している場合における通知を受領する権利	◎
53条2項	受託者へ信託財産から損害賠償をすることに合意する権利(48条5項を準用)	
	受託者が信託財産から損害賠償を受けるのに信託財産が不足している場合における通知を受領する権利(52条1項を準用)	◎

第5節　受益者・委託者等

54条3項	信託報酬の額または算定方法に関する定めがないときの、信託報酬の額およびその算定の根拠の通知を受領する権利	
54条4項	受託者へ信託財産から信託報酬を償還することに合意する権利（48条5項を準用）	
	受託者が信託財産から信託報酬を受けるのに信託財産が不足している場合における通知を受領する権利（52条1項を準用）	◎
57条1項	受託者の辞任の同意権	◎
58条1項	受託者の解任権	◎
58条7項	受託者の解任の裁判に対して即時抗告する権利	◎
60条1項	受託者の任務が終了した旨の通知を受領する権利	
62条1項	新受託者選任権	◎
62条2項	信託行為に新受託者となるべき者を指定する定めがあるときの指定された者に対する催告権（受益証券発行信託である場合を除く）	◎
62条3項	信託行為に新受託者となるべき者を指定する定めがあるときの指定された者に対する催告があった場合の、指定された者による確答を受領する権利	◎
62条6項	新受託者の選任の裁判に対して即時抗告する権利	◎
63条4項	信託財産管理命令ならびに信託財産管理命令の変更および取り消す決定に対して、即時抗告する権利	◎
70条	信託財産管理者の解任の裁判に対して即時抗告する権利（58条7項を準用）	◎
72条	信託財産管理者の信託事務に関する計算の承認権	
74条3項	信託財産法人管理命令ならびに信託財産法人管理命令の変更および取り消す決定に対して、即時抗告する権利	◎
74条6項	信託財産法人管理人の解任の裁判に対して即時抗告する権利（70条において準用する58条7項を準用）	◎
	信託財産法人管理人の信託事務に関する計算の承認権（72条を準用）	
77条1項	前受託者の信託事務に関する計算の承認権	
78条	前受託者の信託事務に関する計算の承認権	
第4章　受益者等		
89条4項	受益者指定権が行使されたことにより受益権が失われた旨の通知を受領する権利	
93条1項	受益権を譲渡する権利	
96条1項	受益権に質権を設定する権利	

102条3項1号	受託者の受益債権の消滅時効の援用のための、受益債権の存在、その内容および相当の期間を定めた通知を受領する権利	
	受託者の受益債権の消滅時効の援用のための、受益債権の存在、その内容および相当の期間を定めた通知を受領した後の、その期間内の履行請求権	
103条3項	重要な信託の変更または信託の併合もしくは信託の分割の意思決定に関与し、その際に当該重要な信託の変更等に賛成する旨の意思表示をする権利	
103条7項	受益件取得請求をしたとき、受託者の承諾を得た場合に、その受益権取得請求を撤回する権利	
104条1項	受益権取得請求があった場合において、受益権の価格の決定について、受託者との間で協議をする権利	
104条4項	重要な信託の変更等の通知を受領する権利	
104条7項	受益権の価格の決定について協議が調わない場合において、裁判所に対する価格の決定の申立がないとき、受益権取得請求を撤回する権利	
107条1項	受託者(信託監督人が現に存する場合にあっては、受託者または信託監督人)に対する受益者集会の招集請求権	
107条2項	受益者集会の招集請求をし、その後遅滞なく招集の手続が行われない場合または請求があった日から8週間以内の日を受益者集会の日とする受益者集会の招集の通知が発せられない場合、信託財産に著しい損害を生ずるおそれがあるときに、受益者集会を招集する権利	
109条1項2項	受益者集会の招集通知を受領する権利	
109条2項	受益者集会の招集通知を電磁的方法により発することの承諾権	
110条1項・2項・3項	受益者集会参考資料および議決権行使書面の交付を受領する権利	
110条2項・3項	受益者集会参考資料および議決権行使書面の交付請求権	
110条4項	受益者集会参考書類および議決権行使書面を電磁的方法により提供することの承諾権	
111条2項	議決権行使書面に記載すべき事項の電磁的方法による提供請求権	
111条1項・2項	議決権行使書面に記載すべき事項の当該電磁的方法による提供を受領する権利	
112条1項	受益者集会における議決権	

第5節　受益者・委託者等

114条1項	代理人により議決権行使する権利	
115条1項	受益者集会に出席しない場合に書面により議決権行使する権利	
117条1項	議決権を統一しないで行使する権利	
117条2項	受益者集会を招集した場合の、他の受益者による議決権の不統一行使を拒む権利	
129条3項	信託管理人の任務が終了した場合にその事務の経過および結果の報告を受領する権利	
130条2項	信託管理人による事務の処理が終了した場合にその事務の経過および結果の報告を受領する権利	
131条2項	信託行為に信託監督人となるべき者を指定する定めがあるときの指定された者に対する催告権（受益証券発行信託である場合を除く）	◎
131条3項	信託行為に信託監督人となるべき者を指定する定めがあるときに指定された者に対する催告があった場合の指定された者による確答を受領する権利	◎
131条7項	信託監督人の選任の裁判に対して即時抗告する権利	◎
134条2項	信託監督人の辞任の同意権	◎
	信託監督人の解任権（58条1項を準用）	◎
	信託監督人の解任の裁判に対して即時抗告する権利（58条7項を準用）	◎
135条1項	新信託監督人選任権（62条1項を準用）	◎
	信託行為に新信託監督人となるべき者を指定する定めがあるときの指定された者に対する催告権（62条2項を準用）	◎
	信託行為に新信託監督人となるべき者を指定する定めがあるときに指定された者に対する催告があった場合の、指定された者による確答を受領する権利（62条3項を準用）	◎
	新信託監督人の選任の裁判に対して即時抗告する権利（62条6項を準用）	◎
135条2項	信託監督人であった者によるその事務の経過および結果の報告を受領する権利	
136条1項	信託監督人による事務の処理を終了させる権利	◎
136条2項	信託監督人の任務が終了した場合にその事務の経過および結果の報告を受領する権利	
138条2項	信託行為に受益者代理人となるべき者を指定する定めがあるときの指定された者に対する催告権（受益証券発行信託である場合を除く）	◎

第1章　信託の基本的なしくみ

138条3項	信託行為に受益者代理人となるべき者を指定する定めがあるときに指定された者に対する催告があった場合の指定された者による確答を受領する権利	◎
141条2項	受益者代理人の辞任の同意権（57条1項を準用）	◎
	受益者代理人の解任権（58条1項を準用）	◎
	受益者代理人の解任の裁判に対して即時抗告する権利（58条7項を準用）	
142条1項	新受益者代理人選任権（62条1項を準用）※	◎
	信託行為に新受益者代理人となるべき者を指定する定めがあるときの指定された者に対する催告権（62条2項を準用）※	◎
	信託行為に新受益者代理人となるべき者を指定する定めがあるときの指定された者に対する催告があった場合の、指定された者による確答を受領する権利（62条3項を準用）※	◎
	新受益者代理人の選任の裁判に対して即時抗告する権利（62条6項を準用）	◎
142条2項	受益者代理人であった者によるその事務の経過および結果の報告を受領する権利※	
143条1項	受益者代理人による事務の処理を終了する権利※	◎
143条2項	受益者代理人の任務が終了した場合にその事務の経過および結果の報告を受領する権利※	
第5章　委託者		
145条1項	委託者の地位の移転の同意権（移転にはあわせて受託者の同意が必要）	
145条2項	委託者が2人以上ある信託における委託者の地位の移転の同意権	◎
第6章　信託の変更、併合および分割		
149条1項	当事者の合意により信託を変更する権利	◎
149条2項1号	信託の目的に反しないことが明らかであるときの受託者との合意により信託を変更する権利	
149条2項2号	信託の目的に反しないことおよび受益者の利益に適合することが明らかであるときの信託の変更に係る変更後の信託行為の内容の通知を受領する権利	◎
149条3項1号	受託者の利益を害しないことが明らかであるときの受託者に対する委託者および受益者の意思表示により信託を変更する権利	◎
149条3項2号	信託の目的に反しないことおよび受託者の利益を害しないことが明らかであるときの受託者に対する意思表示により信託を変更する権利	

150条5項	信託の変更を命ずることの申立の裁判に対して即時抗告する権利	◎
151条1項	当事者の合意により信託を併合する権利	◎
151条2項1号	信託の目的に反しないことが明らかであるときの受託者との合意により信託を併合する権利	
151条2項2号	信託の目的に反しないことおよび受益者の利益に適合することが明らかであるときの信託の併合に係る併合後の信託行為の内容等の通知を受領する権利	◎
155条1項	当事者の合意により吸収信託分割する権利	◎
155条2項1号	信託の目的に反しないことが明らかであるときの受託者との合意により吸収信託分割する権利	
155条2項2号	信託の目的に反しないことおよび受益者の利益に適合することが明らかであるときの吸収信託分割に係る吸収信託分割後の信託行為の内容等の通知を受領する権利	◎
159条1項	当事者の合意により新規信託分割する権利	◎
159条2項1号	信託の目的に反しないことが明らかであるときの受託者との合意により新規信託分割する権利	
159条2項2号	信託の目的に反しないことおよび受益者の利益に適合することが明らかであるときの新規信託分割に係る新規信託分割後の信託行為の内容等の通知を受領する権利	◎
第7章　信託の終了および清算		
164条1項	委託者および受益者の合意により信託を終了する権利	◎
165条4項	信託の終了を命ずることの申立の裁判に対して即時抗告する権利	◎
166条4項	公益の確保のために信託の終了を命ずることの申立についての裁判に対して即時抗告する権利	◎
169条3項	信託財産の管理命令その他の必要な保全処分ならびに保全処分を変更および取り消す決定に対して即時抗告する権利	◎
170条4項	管理命令において選任される管理人の解任の裁判に対して即時抗告する権利（70条において準用する58条7項を準用）	◎
	管理命令において選任される管理人の信託事務に関する計算の承認権（72条を準用）	
172条1項	裁判所書記官に対する、管理人の行う信託財産に属する財産および信託財産責任負担債務の状況の報告または計算に関する資料の閲覧請求権	◎
172条2項	裁判所書記官に対する、管理人の行う信託財産に属する財産および信託財産責任負担債務の状況の報告または計算に関する資料の謄写またはその正本、謄本もしくは抄本の交付請求権	◎

172条3項	裁判所書記官に対する、管理人の行う信託財産に属する財産および信託財産責任負担債務の状況の報告または計算に関する資料のうち録音テープまたはビデオテープの複製の許諾請求権	◎
178条2項1号	信託の清算において信託財産に属する財産を受領することを拒む権利	
178条3項	清算受託者が信託財産に属する財産を競売に付した旨の通知を受領する権利	
182条2項	残余財産受益者としての権利を放棄する権利	
184条1項	清算受託者の職務が終了したときの、信託事務に関する最終の計算を承認する権利	
184条3項	清算受託者の職務が終了したときの、信託事務に関する最終の計算に異議を述べる権利	
第8章 受益証券発行信託の特例		
187条1項	受益証券発行信託において受益証券が発行されないときの、受益権原簿記載事項を記載した書面の交付または当該受益権原簿記載事項を記録した電磁的記録の提供請求権	
190条2項	受益権原簿の閲覧または謄写の請求権	
208条1項	受益証券発行信託において受益証券の所持を希望しない旨の申出をする権利	
208条6項	受益証券発行信託において受益証券の所持を希望しない旨の申出をした後の、当該受益権に係る受益証券の発行請求権	
210条	受益証券が発行されている受益権について、その記名式の受益証券を無記名式とし、またはその無記名式の受益証券を記名式とすることを請求する権利	
第9章 限定責任信託の特例		
216条2項	限定責任信託において給付可能額を超える給付を悪意で受け、受託者が信託財産に対するてん補の義務の全部または一部を履行した場合、その割合の限度で金銭の支払義務を免れる権利	
222条5項	限定責任信託の貸借対照表等の書類または電磁的記録の内容についての報告を受領する権利	
222条6項	限定責任信託の会計帳簿（書類もしくはその写しまたは電磁的記録）の交付または提供を受領する権利	◎
222条7項	限定責任信託における信託財産に属する財産の処分に係る契約書その他の信託事務の処理に関する書類または電磁的記録の交付または提供を受領する権利（222条6項を準用）	◎

第5節　受益者・委託者等

		委
222条8項	限定責任信託の貸借対照表等の作成の日から10年間を経過した後における、当該貸借対照表等に係る書類もしくはその写しの交付、または当該電磁的記録に記録された事項の提供を受領する権利	◎
226条4項	限定責任信託において給付可能額を超えて受益者に対する信託財産に係る給付をした場合の金銭のてん補または支払に係る義務の免除への同意権（免除には総受益者の同意が必要）	
226条6項	限定責任信託において給付可能額を超えて受益者に対する信託財産に係る給付をした場合の金銭のてん補または支払の請求の訴えを提起した場合の、費用または報酬の支弁等に係る支払の請求権（45条1項を準用）	◎
228条2項	限定責任信託において給付を受けた後に欠損額が生じ、受託者が信託財産に対するてん補の義務の全部または一部を履行した場合、その割合の限度で金銭の支払義務を免れる権利	
228条4項	限定責任信託において欠損額が生じたときの金銭のてん補または支払に係る義務の免除への同意権（免除には総受益者の同意が必要）	
228条6項	限定責任信託において欠損額が生じたときの金銭のてん補または支払の請求の訴えを提起した場合の、費用または報酬の支弁等に係る支払の請求権（45条1項を準用）	◎
第10章　受益証券発行限定責任信託の特例		
250条1項	会計監査人信託において会計監査人が欠けたときの、委託者および受益者の合意による新会計監査人の選任権	◎
250条2項	会計監査人信託で会計監査人が欠けた場合において、委託者が現に存しないとき、または合意が調わないときの会計監査人の選任権	
251条	会計監査人の辞任の同意権（57条1項を準用）	◎
	委託者および受益者の合意による会計監査人の解任権（58条1項を準用）	◎
254条1項	会計監査人がその任務を怠った場合の損失のてん補請求権	
254条3項	会計監査人がその任務を怠った場合の損失のてん補または原状の回復の責任を免除する権利（42条を準用）	◎

※　受益者代理人に代理される受益者のみが有する権利
委　◎…信託契約等の定めがなくても委託者が有する権利
　　○…信託契約等で委託者が権利を有する旨を定めることができる権利

Q 31 受益者の指定権・変更権とは何ですか。

■■ 解 説 ■■

　受益者指定権とは、受益者を指定する権利をいいます。受益者指定権の定めがある信託においては、当初の信託契約等では特定の者を受益者として指定しないことになります。受益者変更権とは、信託契約等において受益者として指定した者を、事後的に変更する権利のことをいいます。

　受益者を指定し、またはこれを変更する権利を有する者の定めのある信託においては、受託者に対する意思表示によって行使できるとされています（法89条1項）。受託者が受益者指定権等を有する場合、この受益者指定権・変更権（受益者指定権等）は、受益者となるべき者に対する意思表示により行使することになります。

　受益者指定権等は、委託者の遺言によっても行使することができます（同条2項）。遺言による受益者指定権等の行使の効果は、その権利を有する者が死亡したときに生じますが、遺言の場合、遺言者の死亡時から受益者指定権等の行使を受託者が知るまでに時間がかかることがあることから、受託者が、変更前の受益者であった者に対して信託から給付を行うおそれがあります。これによる不都合が生じないようにするため、受託者が、受益者指定権等が行使されたことを知らないときには、その行使によって受益権を取得した受益者は、受益者となったことを受託者に主張することができないものとされています（同条3項）。

　受益者変更権の行使により、受益者としての地位を失う者は、将来にわたって受益者としての収益を得ることを期待して、不測の損害を被るおそれがあります。そこで、受託者は、信託契約等で別段の定めがない限り、受益者変更権の行使により受益者であった者がその受益権を失ったときは、その者に対し、遅滞なく、その旨を通知しなければなりません（同条

4項)。なお、受益者指定権等は、原則として相続により承継されません(同条5項)。

　受益者指定権等が差押えや債権者代位の対象となるかについては未だ議論が成熟していないところですが、一般論としては、受益者指定権等は一身専属権であり、また、財産的な権利ではないことから、差押債権者や代位債権者が代わってこれを行使することは認められるべきではないと考えられます(能見善久「財産承継的信託処分と遺留分減殺請求」能見善久編著『信託の理論的深化を求めて』(トラスト未来フォーラム研究叢書2017)144頁、道垣内弘人編著『条解　信託法』[山下純司](弘文堂2017)459頁、道垣内弘人『信託法(現代民法別巻)』(有斐閣2017)506頁)。

　一方で、受益者変更権の行使により、受益者を委託者から他の者へ変更することは、その状況により、債権者を害するものとなり、詐害行為取消権あるいは否認権の行使対象となるものと考えられます(道垣内弘人『信託法(現代民法別巻)』(有斐閣2017)300頁・301頁)。

Q 32 遺言代用信託とはどういうものですか。

■■ 解　説 ■■

  遺言代用信託とは

　遺言代用信託とは、委託者が信託を活用して、遺言の代わりに財産の承継について規定をしたうえで設定する信託を指していいます。
　たとえば、高齢者である委託者が、信託銀行等に自らの財産を信託して、委託者の死亡時に委託者の配偶者が受益権を取得する旨の受益者指定権の定めをおく信託が考えられます。
　遺言代用信託の設定により、自身の死亡後の財産の分配を行うことが可能となることから、遺言や死因贈与と類似する機能を果たすことになります。よって、遺言代用信託についても、遺言（遺贈）や死因贈与と同様の考え方がとられています。

  遺言代用信託に関する信託法の規定

　信託法では、遺言代用信託に関し、①委託者の死亡の時に受益者となるべき者として指定された者が受益権を取得する旨の定めのある信託、または②委託者の死亡の時以後に受益者が信託財産に係る給付を受ける旨の定めのある信託における委託者は、受益者変更権を有するとされています（法90条1項）。②委託者の死亡の時以後に受益者が信託財産に係る給付を受ける旨の定めのある信託について、当該受益者は、委託者が死亡するまで、受益者としての権利を有しません（同条2項）。これらについては、信託契約等において、別段の定めを置くことが可能です。

帰属権利者の指定との差異

　信託においては、帰属権利者（法182条1項2号）の定めを置くことにより、信託終了後の財産の帰属者について指定することができます。その意味では、遺言と同様の役割を果たすだけであれば、帰属権利者の定めを置くことで足ります。

　一方で、遺言代用信託については、指定された受益者による承継後も信託を継続させることができるため、この点で帰属権利者の定めを置く信託とは異なります。

　また、帰属権利者については、信託契約等の定めにより置くものであることから、遺言のように自由に承継者を変更することができません。遺言代用信託であれば、受益者変更権を有することから、委託者が受益者を変更することが可能である点にメリットがあります（この点は遺贈についても実質的に同様です）。逆に、信託契約等で、受益者変更権を有しないと定めること等も可能であるため、柔軟な設計が可能なものということもできます。

Q 33 後継ぎ遺贈型受益者連続信託とはどういうものですか。

■■ 解 説 ■■

1 後継ぎ遺贈型受益者連続信託とは

いわゆる後継ぎ遺贈型受益者連続信託とは、委託者の死亡後に、受益者が複数連続して定められている信託のことをいいます。たとえば、委託者が、当初は自らを受益者とし、委託者が死亡後、委託者の配偶者を、その配偶者の死亡後は、長子を受益者とするといった形で、委託者の死亡後にも、複数の受益者を（同時並行ではなく）連続して定めることになります。

後継ぎ遺贈型受益者連続信託において、受益権は、後継受益者に対して承継されるのではなく、各受益者が、それぞれ異なる受益権を原始的に取得するものと考えられています。

民法においては、受遺者を複数連続して定めることはできないため、後継ぎ遺贈型受益者連続信託についても、以前はその有効性について疑義があるとされてきました。現在では、信託法で、「受益者の死亡により、当該受益者の有する受益権が消滅し、他の者が新たな受益権を取得する旨の定め（受益者の死亡により順次他の者が受益権を取得する旨の定めを含む。）のある信託は、当該信託がされた時から30年を経過した時以後に現に存する受益者が当該定めにより受益権を取得した場合であって当該受益者が死亡するまで又は当該受益権が消滅するまでの間、その効力を有する。」（法91条）と規定されており、後継ぎ遺贈型受益者連続信託についても明確に有効性が認められています。

この後継ぎ遺贈型受益者連続信託により、民法では認められない、複数

第5節　受益者・委託者等

の連続する受益権（受益者）を定めることが可能となります。

 後継ぎ遺贈型受益者連続信託と遺留分

　後継ぎ遺贈型受益者連続信託においても、遺留分がなくなるわけではありません。

　一方で、後継ぎ遺贈型受益者連続信託の遺留分算定にあたっては、各受益者について、相続開始時、すなわち、委託者の死亡時に、始期付きの存続期間の不確定な権利を取得したものとして、その算定がなされると考えられています（具体的な算定については明確な基準があるものではありません）。

　たとえば、自身の死後は自身の財産について全て配偶者に譲るものとしつつ、配偶者の死後には子に承継させたいと考える場合、遺言だと、配偶者に財産すべてを遺贈した時点で遺留分減殺請求権が発生してしまいます。これに対し、後継ぎ遺贈型受益者連続信託を活用すれば、第二受益者として配偶者を、第三受益者として子を指定することで、その算定により遺留分減殺請求を回避することができることも考えられ、相続人間の争いを回避することに資することも考えられるものです。

 後継ぎ遺贈型受益者連続信託の期間

　後継ぎ遺贈型受益者連続信託の期間については、「信託がされた時から30年を経過した時以後に現に存する受益者が当該定めにより受益権を取得した場合であって当該受益者が死亡するまでまたは当該受益権が消滅するまでの間」という文言（法91条）について、見解が分かれています。

　すなわち、上記文言からは、30年経過した後に生ずる新しい受益者が最後の受益者となります。そうすると、30年経過した後に最初に受益者となった者が、信託設定から50年後受益者となったとしても、その者までは受益者となることができることとなります。その結果、その受益者が

死亡するか、受益権が消滅するまでは、その信託は有効に存続することになります。

しかしながら、「現に存する受益者」については、「何時の時点の受益者であるのか」が明確ではありません。この点、「現に存する受益者」について、①信託設定時から30年経過した時点で現存していなければならないとする考え方と、②30年経過した時点の受益者の死亡時点で現存していればよいとする考え方があります。

①の場合、図1―27では、C_1は信託設定時から30年経過時点で現存することから受益者となることができますが、C_2は現存しないため、受益者となることができません。一方、②の場合、C_2についても、30年経過した時点の受益者はBであり、Bの死亡時点でC_2は現存していることから、C_2も受益者となることができます。この点、判例等により確たる考え方は示されていないのですが、実務的には②の考え方が支持されているようです。

【図表1－27】後継ぎ遺贈型の受益者連続信託

事例：当初の受益者をAとし、Aの死亡後はB、Bの死亡後はC、Cの死亡後はDが受益権を取得する旨の定めがある信託

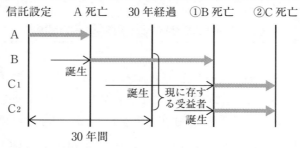

① 30年経過の時点でCは現存しなければならないとする説→ C_1：○、C_2：×
② Bの死亡時点でCが現存していればよいとする説→ C_1：○、C_2：○

＝受益者

後継ぎ遺贈型受益者連続信託の活用

　後継ぎ遺贈型受益者連続信託の活用については、前述のように遺留分減殺請求の懸念を低下させるという場面も考えられますし、特に法定相続とは異なる財産の承継をしたいと考える場合に有用と考えられます。

　たとえば、ある人が、配偶者に先立たれた後に再婚したような場合において、自分が死亡した後、その配偶者の生活が心配であるけれども、その配偶者が死亡したときに、先の配偶者との間に生まれた子供に財産を残したいというような場合に、第一受益者を配偶者に、第二受益者を先の配偶者との間の子にすることが考えらえます。同様に、配偶者との間に子がない場合に、第一受益者を配偶者にしつつ、第二受益者を自身の兄弟や兄弟の子にするといったことも考えられます。

　このように後継ぎ遺贈型受益者連続信託においては、遺言ではできないような自身の死後の財産のコントロールをすることが可能となるものですが、遺留分を排斥することができるものではないため、その点については常に配慮することが必要となります。

Q 34 受益者が複数いる場合の留意点について教えてください。

■■ 解 説 ■■

1 受益者が複数いる場合の留意点

信託においては、複数の者が信託を行う（委託者となる）共同委託、複数の者により受託を行う共同受託のほか、利益を享受する受益者が複数となることもあります。

受益者が複数となる場合、基本的にはその受益権の割合により享受する利益の割合が異なることになりますが、そのほか、受益者としての意思決定（権利行使）について、どのように考えるのか（単独の受益者で意思決定可能なのか、全員一致によりはじめて意思決定ができるのか等）が問題となります。受益者が複数の場合に意思決定を要する事項としては、以下の図表1－28の事項が挙げられます。

【図表1－28】受益者複数の場合の意思決定を要する事項

条　文	意思決定を要する事項
19条1項2号	信託財産と固有財産とに属する財産の分割の協議
19条3項2号	信託財産と他の信託財産とに属する財産の分割の協議
31条2項2号	受託者の利益相反行為についての承認
31条5項	受託者の利益相反行為についての追認
32条2項2号	受託者の競合行為についての承認
32条4項	受託者の競合行為について信託財産のためにされたものとみなす権利の行使
42条	受託者および法人受託者の役員の損失てん補等の免除
57条1項	受託者の辞任の同意
58条1項	受託者の解任の合意
62条1項	新受託者の選任の合意

77条	前受託者による新受託者等への信託事務の引継ぎ時の信託事務に関する計算に対する承認
78条	前受託者の相続人等または破産管財人による新受託者等への信託事務の引継ぎ時の信託事務に関する計算に対する承認
134条2項	信託監督人の辞任の同意、解任の合意
135条1項	新信託監督人の選任の合意
136条1項1号	信託監督人による事務の終了する旨の合意
141条2項	受益者代理人の辞任の同意、解任の合意
142条1項	受益者代理人の選任の合意
143条1項1号	受益者代理人による事務の終了する旨の合意
149条1項・2項1号・3項	信託の変更についての合意または意思表示
151条1項・2項1号	信託の併合についての合意
155条1項・2項1号	吸収信託分割についての合意
159条1項・2項1号	新規信託分割についての合意

 受益者が複数の場合の意思決定の方法

　複数の受益者が存在する場合の意思決定の方法については、受益者全員による合意を原則としつつ、受託者等の責任の免除の場合を除き、信託契約等の定めによることが可能とされています（法105条1項）。

　すなわち、信託契約等の定めにより、多数決とすること、受益者による集会で決すること、書面等で意思結集をすること等が可能となりますし、書面による意思表示がない限り賛成したものとみなすといった規定を設けることもできます。

 受益者集会

　上記のとおり、複数の受益者が存在する場合の意思決定の方法について

は、信託契約等の定めによることが可能とされていますが、そのモデルの1つとして、受益者集会があります。すなわち、信託契約等で、受益者集会における多数決による旨の定めがあるときは、信託法に定める受益者集会の規定に従うことが原則となります（法105条2項）。

この受益者集会に関しては、信託法106条から122条にかけて、受益者集会の招集、受益者集会の招集の通知、受益者集会参考書類および議決権行使書面の交付、受益者の議決権の行使、議決権の数・受益者集会の決議、受益者集会の決議の効力、受益者集会に要した費用の負担等について規定が置かれています（信託契約等による別段の定めも可能です）。

受益権取得請求権

以上のように、受益者が複数いる場合の意思決定については、必ずしも全員一致による必要がなくなった反面、受益者によっては、自己の意思に反した内容の意思決定に拘束される場合があり、それらの受益者の保護の必要性が生じます。そこで、少数受益者の保護のため受益権取得請求権について規定されています（法103条）。

受益権取得請求権については、以下の図表1－29の事項の意思決定により損害を受けるおそれのある受益者が、受託者に対し、自己の有する受益権を公正な価格で取得することを請求することができるというものです。

【図表1－29】受益権取得請求権の対象となる意思決定

---
① 信託の目的の変更
② 受益権の譲渡の制限
③ 受託者の義務の全部または一部の減免
④ 受益債権の内容の変更
⑤ 信託行為において定めた事項
⑥ 信託の併合または分割がされる場合
※①・②と、⑥で①・②を伴う場合は損害を受けるおそれのあることを要しない。
※③・④については範囲・意思決定方法について信託契約等に定めがある場合を除く。

第5節 受益者・委託者等

なお、これらの意思決定に関与して、賛成する旨の意思を表示した場合は受益権取得請求権の行使はできません（同条3項）。一方で、受益権取得請求権を行使するためには、必ずしも反対の意思表示の必要はなく、意思決定に関与しなかった場合や棄権票を投じた場合もその行使が可能です。

常に単独で行使可能な受益者の権利

受益者が複数の場合等の意思決定方法について、上記のとおり受益者集会等の信託契約等の定めによることが可能なものですが、すべてその定めによることとすると、権限濫用のおそれがあります。すなわち、信託では、受託者が信託財産を所有し、強力な権限をもっており、たとえば受益権のうち過半を受託者が所有し、受益者の意思決定は常に多数決の原理によるとすると、事実上受託者が受益者の意思決定を全て行うことができてしまいます。このような自体を避けるためには、すべての受益者を保護するための権利濫用の防止策が必要となります。

そこで、受益者による監視・監督権を強化するとともに、一定の権利（Q 30の図表1－24）については各受益者が単独で行使できるように定め、かつ、これについては信託契約等では制限できないものとしています（法92条）。

ただし、受益証券発行信託（Q 45）の場合、一定の権利行使については、信託契約等の定めにより、総受益者の議決権の100分の3あるいは10分の1（これを下回る割合を信託契約等で定めることも可）以上の割合の受益権を有する受益者等に限定することができます（法213条1項・2項。図表1－30・1－31）。

この単独での権利行使の制限については、各受益者同士で連絡がとれることを想定しているものであるため、信託契約等の定めにより他の受益者の氏名等の開示請求権が制限されている場合には制限することができません（同条3項）。

これとは別途、受託者の不正行為等に対する差止請求権（法44条）に

ついては、6か月（これを下回る期間を信託契約等で定めることも可）前から引き続き受益権を有する受益者に限り行使できる旨の定めを設けることができます（法213条4項）。

【図表1-30】権利行使について総受益者の議決権の100分の3以上の割合の受益権を有する受益者等に限定できるもの

条　文	権利の内容
27条1項・2項・75条4項	受託者の権限違反行為に対する取消権
31条6項・7項	受託者の利益相反行為に対する取消権
38条1項	帳簿等の閲覧または謄写の請求権
46条1項	検査役選任の裁判所に対する申立権

【図表1-31】権利行使について総受益者の議決権の10分の1以上の割合の受益権を有する受益者等に限定できるもの

条　文	権利の内容
150条1項	信託の変更を命ずる裁判の申立権
165条1項	信託の終了を命ずる裁判の申立権

受託者の法令等違反行為に対する差止請求権の創設

　受託者が法令・信託契約等に違反する行為をし、またはそのおそれがある場合、これにより信託財産に著しい損害が生ずるおそれがあるときは、受益者（受託者が複数の場合他の受託者を含む）は、その受託者に対し、その行為を止めることを請求することができます（法44条1項・85条4項）。この差止請求権は、委託者にも付与することが可能です（法145条2項9号）。

　なお、受益者が複数の場合に、一部の受益者からこの差止請求権を受けた場合、差止請求の要件を満たさないにもかかわらず漫然とその行為を中止した場合、受託者は、他の受益者から善管注意義務違反を問われるおそれがあるため（村松・富澤・鈴木・三木原・前掲147頁）、注意が必要です。

第5節　受益者・委託者等

Q 35　受益権についてはどのような処分ができるのですか。

■■ 解　説 ■■

1　受益権の処分

　受益者は、受益権を一定の規律に基づき処分することができます。具体的には、原則として譲渡・質入れが可能なほか、一定の場合にはこれを放棄することが可能です。

2　受益権の譲渡

　受益者は、受益権の性質が許さないときを除き、原則として受益権を譲り渡すことができます（法93条1項）。信託契約等の定めにより譲渡できない場合であっても、これを善意の第三者に対抗することはできません（同条2項）。

　受益権の譲渡は、譲渡人による受託者への通知または受託者の承諾がなければ、受託者その他の第三者に対抗することができず、その通知および承諾は確定日付のある証書によってしなければ、受託者以外の第三者に対抗することができません（法94条）。

　受託者は、上記の通知または承諾がされるまでに譲渡人に対し生じた事由をもって譲受人に対抗することができます（法95条）。これらの点については、民法における債権譲渡と同様の定めととらえて概ね支障ありませんが、受益権は受益債権だけではなく、共益権的な権利等を包含した包括的な地位（受益者の地位）であることから、異議を留めない承諾に特別の効力を付与することとはしていません。

受益権の質入れ

受益者は、受益権の譲渡と同様、受益権の性質が許さないときを除き、受益権を質入れできます（法96条1項）。また、信託契約等に定めがある場合に質入れできないこと、善意の第三者に対抗できないことについても、譲渡と同様です（同条2項）。

受益権を目的とする質権は、以下の各金銭について効力が及びます（法97条。図表1－32）。

【図表1－32】受益権を目的とする質権の効力

> ① 受益者が受託者から信託財産に係る給付として受けた金銭等
> ② 受益権取得請求によって受益者が受ける金銭等
> ③ 受益権の併合・分割によって受益者が受ける金銭等
> ④ 信託の併合・分割によって受益者が受ける金銭等
> ⑤ その他受益者がその受益権に代わるものとして受ける金銭等
> 　受益権の質権者は、上記の金銭を受領し、他の債権者に先立って自己の債権の弁済に充てることができます（法98条1項）。

 受益権の放棄

受益者は、自身が委託者や受託者を兼ねている場合を除き、受託者に対し意思表示をすることで受益権を放棄するができます（法99条1項）。この意思表示をした場合、第三者（受託者を含む）の権利を害する場合を除き、当該受益者は、当初から受益権を有していなかったものとみなされます（同条2項）。よって、受益者として指定された者は、放棄の時点までに受けた利益を不当利得として返還しなければなりません。

第5節　受益者・委託者等

Q 36　受益者の権利を守る受益者以外の当事者について教えてください。

■■ 解　説 ■■

　受益者の権利を守る機関

　受益者の権利を守るための機関（受益者以外の当事者）としては、信託管理人・信託監督人・受益者代理人がいます。
　信託管理人とは、受益者が現に存しない場合において、受益者に代わって自己の名で受益者の権利に関する一切の行為をする権限を有する者をいいます。信託監督人とは、受益者が受託者の監督を適切に行うことができない特別の事情がある場合等において、すべての受益者のために、自己の名で受益者に認められた一定の監視・監督的な権利に関する一切の行為をする権限を有し、受益者と重畳的に権利行使をすることができる者です。最後の受益者代理人は、受益者の全部または一部のために、受託者等の免責を除き、受益者の権利に関する一切の行為をする権限を有する者となります。
　これらの信託管理人・信託監督人・受益者代理人の比較については、129頁・図表1－33のとおりです。

　信託管理人

(1)　信託管理人の権限と義務
　信託管理人は、自己の名で受益者の権利に関する一切の裁判上または裁判外の行為を行うことができます（法125条）。一方で、そのすべてを行うことが望ましくない場合には、信託契約等の信託行為による別段の定め

により制限することもできます。

　信託管理人には、善管注意義務・誠実公平義務が課せられています（法126条）。

(2) 信託管理人の選任

　信託管理人は、受益者が現に存しない場合に、信託行為において、信託管理人となるべき者を指定することができます（法123条1項）。また、信託行為に信託管理人に関する定めがないとき、または、信託行為の定めにより信託管理人となるべき者として指定された者が就任の承諾をしないか、就任できないときには、裁判所は、利害関係人の申立により、信託管理人を選任することができます（同条4項）。さらに、信託行為に信託管理人に関する定めがなくても、信託の変更により、信託管理人を置くことも可能です。

信託監督人

(1) 信託監督人の権限と義務

　信託監督人は、受益者が高齢者であったり、未成年者であったり等、受託者を監視、監督することが困難であるような場合に備えて、受益者保護の観点から導入されたものです。

　信託監督人が行使することができる権利は、原則として、受託者を監視、監督するために必要となる権利であり、具体的には、信託法92条（17号・18号・21号・23号を除く）に掲げる権利に関する一切の裁判上または裁判外の行為をする権限を有します。信託監督人の権限の拡張・制限が必要な場合には、信託契約等に別段の定めを置いて、その定めるところによることも可能です（法132条1項）。

　信託監督人は、信託管理人とは異なり、受益者が存在する場合に選任されることから、受益者の権利行使との競合が問題となり得ますが、信託監督人が行使することができる権利は、原則として、信託行為の定めにより制限できない権利に限られます。複数受益者の場合には、重畳的に行使が

可能な権利であり、競合して権利を行使しても、信託事務の円滑な処理の妨げにはならないと考えられます。したがって、信託監督人が選任されても、受益者は権利行使の機会は原則として損なわれません。

信託監督人は、信託管理人と同様に、受益者のために善管注意義務と誠実公平義務を負います（法133条）。

(2) 信託監督人の選任

信託監督人は、受益者が現に存する場合において、信託行為に、信託監督人となるべき者を指定する定めを設けることで選任されます（法131条1項）。

信託監督人の制度は、受託者を監視、監督することが困難であるような場合に備えて導入されたものですが、必ずしもこれを要件とするものではなく、受益者が受託者の監督を行える場合においても、より厳正な監督を行うために、たとえば弁護士、公認会計士等の専門家を指定して選任することは可能であると考えられます。

一方で、受益者が受託者の監督を適切に行うことができない特別の事情がある場合には、信託契約等に信託監督人に関する定めがないとき、または信託行為の定めにより信託監督人となるべき者として指定された者が就任の承諾をせず、もしくはこれをすることができないときであっても、裁判所は、利害関係人の申立により、信託監督人を選任することができます（同条4項）。これは、信託設定後の事情の変化により、受益者が受託者を十分に監視、監督することができなくなった際に備えて設けられたものです。よって、複数の受益者が存する信託について、その一部の受益者の監督能力が乏しい場合であっても、他の受益者に十分な監督能力があれば、受託者の監視、監督自体は可能であるため、「特別な事情」は存しないものと考えられます。

受益者代理人

(1) 受託者代理人の権限と義務

　信託では、受益者が短期間に入れ替わったり、受益者が多数いたりすることがあり、このような場合には、受益者の権利行使が困難となることが考えられます。受益者代理人は、このような場合に、受益者保護を図りつつ、信託事務の円滑な処理ができるように設けられたものです。

　受益者代理人は、上記のようなケースで選任されることを予定しているため、受託者を監視・監督する権限だけではなく、信託に関する意思決定の権利も必要です。そこで、受益者代理人は、受託者等の責任の免除に係るもの（法42条の受託者等に対する損失てん補の責任等の免除）を除き、その代理する受益者のためにその受益者の権利に関する一切の裁判上または裁判外の行為をする権限を有するものとされています。信託管理人・信託監督人と同様、権限の制限等について、信託行為に別段の定めにより行うことも可能です（法139条1項）。

　その結果、受益者と受益者代理人との権利行使の競合が問題となり得ますが、受益者代理人の制度の導入の趣旨から、受益者自身による権利行使の必要性は原則としてないため、受益者の行使しうる権利は原則として受益者代理人に専属するものとなります（同条4項）。よって、受益者代理人に代理される受益者は、信託行為の定めにより制限が認められていない権利（法92条各号）および信託行為において定めた権利を除き、その権利を行使することができません。

　また、受益者代理人がその代理する受益者のために裁判上または裁判外の行為をするときは、その代理する受益者の範囲を示せば足りるものとされています（法139条2項）。

　受益者代理人の義務については、信託管理人・信託監督人と同様、受益者のために善管注意義務および誠実公平義務が課せられています（法140条）。

(2) 受益者代理人の選任

受益者代理人は、受益者が現に存する場合、信託行為の定めにより、その代理する受益者を定めて、受益者代理人となるべき者を指定して選任します（法138条1項）。

【図表1－33】信託管理人・信託監督人・受益者代理人

当事者		信託管理人	信託監督人	受益者代理人
選任	条文	123条	131条	138条
	状況	受益者が現に存在しない場合に選任可能	受益者が現に存在する場合に選任可能	一部または全部の受益者のために選任することが可能
	方法	① 信託行為による指定または ② 利害関係人の申立により裁判所が選任 （①が優先）	① 信託行為による指定（②に優先） ② 受益者が受託者の監督を適切に行うことができない特別の事情がある場合に、利害関係人の申立により裁判所が選任	信託行為による指定のみ
権限	条文	125条	132条	139条
		自己の名で		
	内容	受益者の権利	受益者の受託者を監督する一定の権利（受託者に対する監視・監督権）	受益者の権利（受益者または受託者の役員の責任の免除を除く）
		に関する一切の裁判上または裁判外の行為をする権限	に関する一切の裁判上または裁判外の行為をする権限	に関する一切の裁判上または裁判外の行為をする権限
		信託行為による別段の定めが可能		
権限	制限（受益者の権利の）			受益者は信託行為の定めで制限を禁止できない権利（92条）および信託行為で定めた権利以外は行使できない
義務	条文	126条	133条	140条
	内容	善管注意義務・誠実公平義務		

受益者代理人が選任されると、代理される受益者は、原則として、信託に関する意思決定に係る権利を行使することができなくなるため、信託管理人や信託監督人と異なり、裁判所が選任することはできません。ただし、信託行為により選任されていた受益者代理人の任務が終了した場合には、新たな受益者代理人を、委託者または受益者代理人に代理される受益者の申立により、裁判所が選任することが可能です（法142条1項）。

5　複数の関係者の選任

　以上の信託管理人等について、同じ立場の者、あるいは異なる信託管理人・信託監督人・受益者代理人を複数人選任してはならないという規律はありません。

　一方で、複数人存する場合の取扱いについては注意が必要です。すなわち、これらの者が複数存する場合について、信託法では特段の定めを置いていません。考え方としては、受託者複数の場合や受益者複数の規律に準じて考えるのが適当であると考えられますが、それであっても、たとえば、単独で権利を行使できるのか全員の合意が必要なのか（あるいは過半数とするのか）、信託契約等で定めがなければ明確な基準はないことから混乱することが考えられます。特に、信託監督人に任意で権限を付した場合に、受益者代理人も存する場合においては、そのような混乱が起きやすいでしょう。このような事態を防ぐべく、複数の者が選任される可能性があるのであれば、権限の行使に関しても信託契約等に規定しておくことが大切です。なお、信託法92条に定められる裁判所への申立権等については、受益者単独で申立できることとの兼ね合いで各者が単独で行使できると考えられますので、信託契約等で規定を置く場合にも、（混乱を防ぐため）制限を置くべきではありません。

　なお、前提としての受益者の存在の有無が異なる者（たとえば信託管理人と受益者代理人）については、同時に選任されるということはあまり考えられません。

第5節　受益者・委託者等

Q 37　委託者は信託設定後、どのような権利を持っているのですか。

■■■ 解　説 ■■■

　信託に関し、委託者は、信託財産となる財産の受託者への信託譲渡という点で非常に重要な役割を果たします。しかし、委託者は、信託設定後も信託に深く関わることがある一方で、信託の内容によっては、たとえば資産の流動化を目的とする信託等においては信託設定後の関わりがあまりなくなる等、信託契約等の定めにより委託者の権利を低下またはなくす方が各当事者や利用者により利用しやすくなることもあります。

　そこで、委託者の権利については、信託法で一定の権利を規定しつつも、委託者が信託設定の際に関与する信託契約等において、その全部または一部を有しない旨を定め、逆に信託契約等の定めにより一定の権利を付与できることとしています（法145条）。

　具体的には、一般の信託において委託者が有する主な権利については図表1－34のとおりであり、一般の信託においては委託者が権利を有しないものの、信託契約等で定めることができる権利については、133頁・図表1－35・134頁・図表1－36のとおりです。

【図表1－34】委託者が有する権利（信託契約等の定めがなくとも有する権利）

第4章　受益者等	
90条1項	委託者の死亡の時に受益者となるべき者として指定された者が受益権を取得する旨、または委託者の死亡の時以後に受益者が信託財産に係る給付を受ける旨の定めのある信託における受益者を変更する権利
123条2項	信託行為に信託管理人となるべき者を指定する定めがあるときに指定された者に対する催告権
123条3項	信託行為に信託管理人となるべき者を指定する定めがあるときの指定された者に対する催告があった場合の指定された者による確答を受領する権利

123条4項	受益者が現に存しない場合における信託管理人の選任申立権
123条7項	信託管理人の選任の裁判に対して即時抗告する権利
128条2項	信託管理人の辞任の同意権（57条1項を準用）
	信託管理人の解任権（58条1項を準用）
	信託管理人の解任申立権（58条4項を準用）
	信託管理人の解任の裁判に対して即時抗告する権利（58条7項を準用）
129条1項	新信託管理人選任権（62条1項を準用）
	信託行為に新信託管理人となるべき者を指定する定めがあるときの指定された者に対する催告権（62条2項を準用）
	信託行為に新信託管理人となるべき者を指定する定めがあるときの指定された者に対する催告があった場合の、指定された者による確答を受領する権利（62条3項を準用）
	新信託管理人の任務が終了した場合の新信託管理人の選任申立権（62条4項を準用）
	新信託管理人の選任の裁判に対して即時抗告する権利（62条6項を準用）
130条1項2号	信託管理人に対する意思表示により信託管理人による事務の処理を終了させる権利
第5章　委託者	
148条1項	90条1項に規定する信託における、145条2項各号に規定する、信託行為において委託者が権利を有する旨を定めることができるものとされる権利
第6章　信託の変更、併合および分割	
149条2項1号	信託の目的に反しないことが明らかであるときの信託変更に係る変更後の信託行為の内容の通知を受領する権利
149条3項2号	信託の目的に反しないことおよび受託者の利益を害しないことが明らかであるときの受益者による信託の変更に係る変更後の信託行為の内容の通知を受領する権利
151条2項1号	信託の目的に反しないことが明らかであるときの信託の併合に係る併合後の信託行為の内容等の通知を受領する権利
155条2項1号	信託の目的に反しないことが明らかであるときの吸収信託分割に係る吸収信託分割後の信託行為の内容等の通知を受領する権利
159条2項1号	信託の目的に反しないことが明らかであるときの新規信託分割に係る新規信託分割後の信託行為の内容等の通知を受領する権利

第11章　受益者の定めのない信託の特例	
260条	3条1項による受益者の定めのない信託おける145条2項各号に掲げる権利（強行規定※）

※委託者の権利は、145条1項により、原則として信託行為においてその権利の全部または一部を有しない旨を定めることができる。ただし、260条においては、信託の変更によって委託者の権利を変更することはできない旨規定されている。

【図表1－35】委託者が権利を有する旨を信託契約等で定めることができる権利（145条2項各号）

号	権利内容	参照条文
1	信託財産に属する財産に対する強制執行等に対する第三者異議を主張する権利	23条5項6項
2	受託者の権限違反行為の取消権	27条1項2項
	新受託者等が就任するに至るまでの間の前受託者の権限違反行為の取消権	75条4項
3	利益相反行為の取消権	31条6項・7項
4	信託事務の処理をしないことが受益者の利益に反するものについて、これを固有財産または受託者の利害関係人の計算でした場合の、当該行為を信託財産のためにされたものとみなす権利	32条4項
5	帳簿等の閲覧または謄写の請求権	38条1項
6	他の受益者の氏名等の開示の請求権	39条1項
7	受託者がその任務を怠った場合の損失のてん補または原状の回復の請求権	40条
8	法人である受託者の任務懈怠に対する役員への損失のてん補または原状の回復の請求権	41条
9	受託者の違反行為に対する差止めの請求権	44条
10	検査役の選任の申立権	46条1項
11	前受託者の信託財産に属する財産の処分に対する差止めの請求権	59条5項
12	前受託者の相続人等の信託財産に属する財産の処分に対する差止めの請求権	60条3項・5項
13	限定責任信託において給付可能額を超えて受益者に対する信託財産に係る給付をした場合の金銭のてん補または支払の請求権	226条1項
14	限定責任信託において欠損額が生じたときの金銭のてん補または支払の請求権	228条1項

| 15 | 会計監査人がその任務を怠ったことによって信託財産に損失が生じた場合の損失のてん補の請求権 | 254条1項 |

【図表1－36】信託契約等の定めによる委託者固有の権利

145条4項1号	この法律の規定により受託者が受益者に対し通知すべき事項を委託者に対しても報告する義務を有する旨の信託行為の定めがあるとき、当該通知を受領する権利
145条4項2号	この法律の規定により受託者が受益者に対し報告すべき事項を委託者に対しても報告する義務を有する旨の信託行為の定めがあるとき、当該報告を受領する権利
145条4項3号	新受託者等が就任した場合または清算受託者がその職務を終了したときに受託者がする計算の承認を委託者に対しても求める義務を有する旨の信託行為の定めがあるときの当該承認権

第5節　受益者・委託者等

Q 38　委託者の地位が移転・承継することはあるのですか。

■■ 解　説 ■■

　委託者の地位は、受託者、受益者および他の委託者（他の委託者が存する場合）の同意を得るか、または信託契約等に定めた方法に従って、第三者に移転することができます（法146条）。

　委託者の地位の承継については、信託法上、①契約によって設定された信託（契約信託）と②遺言によって設定された信託（遺言信託）に分けて考えられます（図表1－37）。

　①契約信託については、委託者の相続人は、委託者の地位を相続により承継するのが原則です。信託法上特段の規定はなく、契約の一般原則に従って一般承継人である相続人が承継するものですが、それを望まない場合には、信託契約等により承継させないこともできます。

　一方で、②遺言信託については、委託者の相続人は、委託者の地位を相続により承継しないのが原則となります（信託契約等による別段の定めも可。法147条）。遺言信託は、その大半が委託者が財産を法定相続分とは異なる配分にしようとするものであり、類型的に受益者と委託者の相続人とは対立する立場にあることから、委託者（遺言者）がその権利を相続人に承継することを望まないのが通常であるため、その地位を承継しないことが原則とされたものです。

【図表1－37】委託者の地位の相続による承継

信託の種類	①契約信託	②遺言信託
条　文	なし	147条
内　容	委託者の相続人は、委託者の地位を相続により承継する	委託者の相続人は、委託者の地位を相続により承継しない
	信託契約等での変更は可能	

第1章 信託の基本的なしくみ

第6節 信託の変更・終了

Q 39 信託の変更はどのように行うのですか。

■■ 解 説 ■■

1 信託の変更とは

　信託の変更とは、「既存の信託行為の定めについて事後的に関係当事者の合意等一定の者の意思に従って改廃を加え」あるいは、「信託行為に定めを置いていなかった事項について、事後的に一定の者の意思に従って、新たに定めを設けること」であり、「実質的には、信託行為の変更を行うことに類するもの」とされています（村松・富澤・鈴木・三木原・前掲280頁）。

2 合意による信託の変更

　信託の変更は、変更後の信託契約等の内容を明らかにして、原則として委託者、受託者および受益者の合意によってすることができるものとしつつ（法149条1項）、関係当事者の利害により、①信託の目的に反しないことが明らかであるときは委託者の合意を省略し、②受益者の利益に適合することが明らかであるときは、受益者の合意を省略すること、③受託者の利益を害しないことが明らかであるときは、受託者の合意を省略するこ

第6節　信託の変更・終了

とを可能としています（図表1－38）。委託者または受益者の合意を省略する場合、受託者は、省略する当事者に対して、遅滞なく、変更後の信託行為の内容を通知しなければなりません。

これらについては、いずれも、信託契約等による別段の定めを置くことが可能です（同条4項）。たとえば、信託の変更に関し、信託の当事者以外の第三者（専門家等）を必要とするという規定を置くことも可能です。

【図表1－38】信託の変更（149条）、併合（151条）および分割（155条、159条）時の意思表示の要否

			各当事者の合意の要否			根拠条文	
			委託者	受益者	受託者	変更 吸収分割	併合 新規分割
当事者の利益を害しないことが明白ではない	信託の目的に反しないことが明白であるか否か	否	○	○	○	149条1項 155条1項	151条1項 159条1項
		明白	不要	○	○	149条2項1号 155条2項1号	151条2項1号 159条2項1号
受益者の利益を害しないことが明白		否	条文に規定なし⇒当事者の利益を害しないことが明白ではない場合と同様、当事者全員の合意が必要				
		明白	不要	不要	○	149条2項2号 155条2項2号	151条2項2号 159条2項2号
受託者の利益を害しないことが明白		否	○	○	不要	149条3項1号 条文なし	条文なし 条文なし
		明白	不要	○	不要	149条3項2号 条文なし	条文なし 条文なし

裁判所の関与による信託の変更

信託契約等の当時予見することのできなかった特別の事情により、「信託事務の処理の方法」に係る信託行為の定めが信託の目的および信託財産の状況その他の事情に照らして受益者の利益に適合しなくなるに至ったときは、裁判所は、委託者、受託者または受益者の申立により、信託の変更を命ずることができます（法150条）。

Q 40 信託の併合とは何ですか。

■■ 解 説 ■■

1 信託の併合の定義

信託の併合とは、「受託者を同一とする二以上の信託の信託財産の全部を一の新たな信託の信託財産とすること」をいいます（法2条10項。次頁・図表1－39）。

信託の併合の際に、従前の信託の信託財産責任負担債務であった債務は、信託の併合後の信託の信託財産責任負担債務となり、従前の信託の信託財産責任負担債務のうち信託財産限定責任負担債務であるものは、信託の併合後の信託の信託財産限定責任負担債務となり（法153条・154条）、会社の合併と同様、債務においても、積極財産と同様に同じ状態で引き継がれることになっています。

2 信託の併合の手続

信託の併合の手続については、原則として、一定の事項を明らかにしたうえで、従前の各信託の委託者、受託者および受益者の合意によってすることができるものとされています（法151条1項前段）。

また、信託の変更と同様、一定の場合には、一部の当事者の合意を省略することが可能で（前頁・図表1－37）、その場合の受託者から委託者・受益者への通知についても同様です。

第6節　信託の変更・終了

【図表1－39】信託の併合と分割

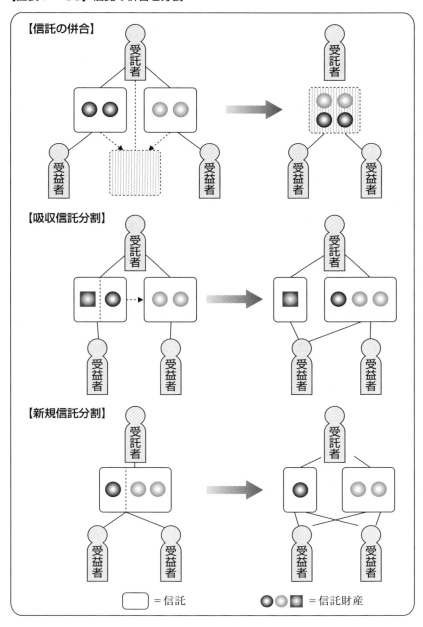

第1章　信託の基本的なしくみ

 債権者保護手続

　併合前の信託の信託債権者の保護のため、かかる信託債権者は、受託者に対し、信託の併合について異議を述べることができます（法152条1項本文）。一方で、信託の併合をしても債権者を害するおそれがないことが明らかであるときは、異議を述べることはできません（同項ただし書）。

　異議を述べることができる場合、受託者は、①信託の併合をする旨、②1か月以上の一定の期間内に異議を述べることができる旨、③その他法務省令で定める事項について官報に公告し、かつ、知れている債権者に各別にこれを催告（法人受託者の場合には、時事に関する事項を掲載する日刊新聞紙に掲載する方法または電子公告による公告で、催告に代えることができます）しなければなりません（同条2項・3項）。

　債権者が期間内に異議を述べなかったときは、その債権者は、信託の併合について承認をしたものとみなされ（同条4項）、異議を述べたときは、受託者は、その債権者に対し、①弁済、②相当の担保の提供、③当該債権者に弁済を受けさせることを目的とする信託会社等への相当の財産の信託のいずれかの措置をとる必要があります（同条5項）。

　これらの手続については、いずれも会社法における会社の合併の際の債権者保護手続と同様のものとなります。

第6節 信託の変更・終了

信託の分割とは何ですか。

■■ 解 説 ■■

信託の分割の定義

信託の分割とは、「吸収信託分割」と「新規信託分割」を総称していいます。

このうち、「吸収信託分割」とは、ある信託の信託財産の一部を、受託者を同一とする他の信託の信託財産として移転すること、「新規信託分割」とは、ある信託の信託財産の一部を、受託者を同一とする新たな信託の信託財産として移転することをいいます（法2条11項。137頁・図表1－38）。

また、信託の併合と同じく、移転することとなる債務は、同様の状態で引き継がれることになります（法157条・161条）。

信託の分割の手続

信託の分割の手続については、原則として、一定の事項を明らかにしたうえで、従前の各信託の委託者、受託者および受益者の合意によってすることができるものとされています（法155条1項・159条1項）。また、信託の変更と同様、一定の場合には、一部の当事者の合意を省略することが可能で（135頁・図表1－37）、その場合の受託者から委託者・受益者への通知についても同様です。

第 1 章　信託の基本的なしくみ

 債権者保護手続

　分割信託（新規信託分割の場合は従前の信託）または承継信託（新規信託分割の場合は新たな信託）の信託債権者の保護のため、かかる信託債権者は、受託者に対し、信託の分割について異議を述べることができます（法156条1項本文・160条1項本文）。一方で、信託の分割をしても債権者を害するおそれがないことが明らかであるときは、異議を述べることはできません（法156条1項ただし書・160条1項ただし書）。

　異議を述べることができる場合の受託者による一定の事項の公告・催告（法156条2項・3項・160条2項・3項）、異議を述べなかったときの効果（法156条4項・160条4項）、異議を述べたときの受託者の対応（法156条5項・160条5項）については、信託の併合の場合と同様です。

　異議を述べることができる債権者で各別の催告をしなければならないものが、催告を受けなかった場合には、受託者に対し、分割前から有する分割信託（新規信託分割の場合は従前の信託）に係る債権については、分割後の承継信託（新規信託分割の場合は新たな信託）の信託財産に属する財産に、承継信託（新規信託分割の場合は新たな信託）に係る債権については、分割後の分割信託（新規信託分割の場合は従前の信託）の信託財産に属する財産をもってそれぞれの債権に係る債務を履行することを請求することができます（法158条・162条）。

第6節　信託の変更・終了

Q 42　信託はどのような場合に終了するのですか。

■■ 解　説 ■■

 信託の終了事由

信託は、以下の図表1－40の場合に終了します（法163条）。

【図表1－40】信託の終了事由

① 信託の目的を達成したとき、または信託の目的を達成することができなくなったとき
② 受託者が受益権の全部を固有財産で有する状態が1年間継続したとき
③ 受託者が欠けて、新受託者が就任しない状態が1年間継続したとき
④ 受託者が信託財産が費用等の償還等に不足している場合（法52条・53条2項・54条4項）に信託を終了させたとき
⑤ 信託の併合がされたとき
⑥ 特別の事情による信託の終了を命ずる裁判（法165条）、または公益の確保のための信託の終了を命ずる裁判（法166条）があったとき
⑦ 信託財産についての破産手続開始の決定があったとき
⑧ 委託者が破産手続開始の決定、再生手続開始の決定または更生手続開始の決定を受けた場合に、管財人が双方未履行債務の解除（破産法53条1項、民事再生法49条1項、会社更生法61条1項、金融機関等の更生手続の特例等に関する法律41条1項、206条1項）に基づき信託契約が解除されたとき
⑨ 信託行為において定めた事由が生じたとき

 委託者と受益者の合意による終了

委託者と受益者は、その合意によりいつでも信託を終了させることがで

きます(信託契約等による別段の定め可。法164条1項・3項)。よって、信託契約等に別段の定めがなければ、信託契約に合意による終了に関する規定が特段なかったとしても、受託者の関与なく、委託者と受託者の合意により信託を終了させることができます。

ここで、委託者と受益者が、受託者に不利な時期に信託を終了したときは、やむを得ない事由があったときを除いて、委託者および受益者は、受託者の損害を賠償しなければなりません(同条2項)。

委託者と受益者が同一人物である場合においては、委託者兼受益者の債権者が、委託者兼受益者が終了権限を有することを前提に、受益権を差し押さえるとともに、委託者の有する残余財産交付請求権を差し押さえることで、取立権の行使として、信託の終了権限を行使することができるものと考えられます(道垣内弘人『信託法(現代民法別巻)』(有斐閣 2017) 12 頁)。

委託者と受益者が異なる場合においては、両者の合意がない限り信託を終了させることはできないため、委託者または受益者の債権者は単独で信託を終了させることはできません(委託者と受益者双方に対して債権を有する場合には双方について差押えが可能な場合に限り終了させることができると考えても差し支えないでしょう)。

なお、終了に受託者の同意が必要とされている場合等において、たとえば、受託者の同意を得ることにより委託者兼受益者の債権者による終了を認めることも特段問題なく、受託者がかかる同意を行うこと自体は、信託事務の処理そのものではないため、善管注意義務違反とはならないものと考えられます(忠実義務違反の成否については終了の同意が「その他の行為」(法30条)として問題となる余地があるため、たとえば、受託者が債権者として上記の方法による終了をする場合には、慎重に対応することになります)。

一方で、受託者が信託終了に関する同意を行うことが義務となることは通常考えられませんが、状況により同意を行わないことが違法であると評価されるような場面であれば(一般的にそのような状況はほとんど考えら

第6節　信託の変更・終了

れないものの)、同意をしないことが不法行為を構成する可能性がある点に留意する必要があります。

 信託の終了を命ずる裁判

　信託の終了を命ずる裁判については、特別の事情による信託の終了を命ずる裁判と、公益の確保のための信託の終了を命ずる裁判があります。

　特別の事情による信託の終了を命ずる裁判については、「信託行為の当時予見することのできなかった特別の事情により、信託を終了することが信託の目的及び信託財産の状況その他の事情に照らして受益者の利益に適合するに至ったことが明らかであるとき、裁判所は、委託者、受託者又は受益者の申立てにより、信託の終了を命ずることができる」こととされており（法165条1項）、かかる裁判がなされる場面は限定的なものとなっています。

　公益の確保のための信託の終了を命ずる裁判については、会社法における会社の解散命令（会社法824条）を参考としたものです。すなわち、裁判所は、①不法な目的に基づいて信託がされたとき、②受託者が、法令もしくは信託行為で定めるその権限を逸脱しもしくは濫用する行為または刑罰法令に触れる行為をした場合において、法務大臣から書面による警告を受けたにもかかわらず、なお継続的にまたは反覆して当該行為をしたときに、公益を確保するため信託の存立を許すことができないと認めるときは、法務大臣または委託者、受益者、信託債権者その他の利害関係人の申立により、信託の終了を命ずることができることになっています（法166条1項）。

Q 43 信託の清算について教えてください。

■■ 解 説 ■■

 信託の清算

信託の清算では、信託で負担する債務等を清算し、受益者および帰属権利者に対して残余財産を交付します。この清算事務の完了により清算事務が結了し、信託は消滅します。信託が終了した後、清算が結了するまでの間に存続するものとみなされる信託を、特に法定信託と呼びます。

信託の清算については、信託が終了した場合に行われますが、①信託の併合がされたとき、②信託が信託財産の破産手続開始決定により終了した場合でその破産手続が終了していないときは、清算をしなければならないものから除かれています。

 清算受託者の職務内容と権限

信託が終了した時以後の受託者を清算受託者といい、清算受託者は、①現務の結了、②信託財産に属する債権の取立および信託債権に係る債務の弁済、③受益債権（残余財産の給付を内容とするもの以外）に係る債務の弁済、④残余財産の給付を行います（法177条）。

信託の清算の際、清算受託者には、信託の清算のために必要な一切の行為をする権限があります（信託契約等による別段の定めも可。法178条1項）。よって、信託目的からは信託財産の処分を想定していないような信託であっても、清算手続における債務の弁済のために必要があれば、清算受託者は、特段の定めがない限り、信託財産の処分をすることができるも

のと考えられます。

清算受託者の職務の終了

　清算受託者は、その職務を終了したときは、遅滞なく、信託事務に関する最終の計算を行い、信託が終了したときにおける受益者（信託管理人を含む）と帰属権利者のすべてに対し、その承認を求めなければなりません（法184条1項）。この最終計算と証人については、信託法上、信託契約等による特別の定めは認められていませんので、たとえ信託契約等において省略できる旨の規定があったとしても、これらの手続を省略をすることはできません。

　受益者等がその最終計算を承認した場合は、清算受託者の職務の執行に不正行為があったときを除き、その受益者等に対する清算受託者の責任は、免除されたものとみなされます（同条2項）。

　受益者等による承認がないことで受託者の責任が不安定となることを避けるため、受益者等が清算受託者から最終計算の承認を求められた時から1か月以内に異議を述べなかった場合、受益者等はその計算を承認したものとみなされます（同条3項）。

Q 44 信託終了後の信託財産の帰属について教えてください。

■■ 解 説 ■■

残余財産の帰属

信託終了後の信託財産の帰属については、帰属権利者と残余財産受益者のいずれかに帰属することになります（法182条1項）。

すなわち、帰属権利者は、信託の終了事由発生後においてのみ受益者としての権利義務を有するものをいい、一方で、信託の終了前から受益者としての権利義務を有するものを残余財産受益者といいます。

信託契約等に残余財産受益者・帰属権利者の指定に関する定めがない場合、または指定を受けた者のすべてがその権利を放棄した場合は、信託契約等に委託者またはその相続人その他の一般承継人を帰属権利者として指定する旨の定めがあったものとみなすものとされています（同条2項）。この場合の帰属権利者を、信託法の定めに基づく帰属権利者であることから、特に、法定帰属権利者といいます。

この法定帰属権利者については、相続人が含まれることに争いはなく、包括受遺者も相続人と同一の権利義務を有する（民法990条）ことからはこれに含まれるものと考えられますが、その割合等については明確な見解はありません。法定相続分によるとする考え方、遺言による相続分の指定を反映するという考え方もあれば、保険等の遺族補償の考え方に準じて人数割りで均等に権利を有するという考え方もあり得ます。債権がある場合に分割承継されるか共同行使が必要であるかも明確でないため、このような事態が生じた場合には、関係者の協議により解決することになるものと考えられます。

第6節　信託の変更・終了

　なお、金融資産等に係る特定遺贈がある場合の受遺者や、相続人不存在の場合の相続財産管理人や特別縁故者が法定帰属権利者としての権利行使をすることができるかが一応問題となり得ますが、これを相続人と解することは通常困難ですので、受託者との話し合いにより（贈与税等に留意しつつも）承継が適当と考えられる人に承継させるという方法を必要に応じて検討することになるものと思われます。

　遺贈の場合は、信託契約等の内容により、これが（法定帰属権利者ではなく）遺言による残余財産受益者の指定（法89条2項）の趣旨であるとして権利行使が認められる余地もありますので、個別の状況に応じた検討が必要となります。

　さらに、これらにより残余財産の帰属が定まらないとき、たとえば、委託者やその相続人がいないときや、残余財産引渡請求権が時効消滅等により消滅したときは、残余財産は、清算受託者の固有財産に帰属することになります（同条3項）。

　帰属権利者の権利義務

　信託契約等により帰属権利者として指定された者は、当然に残余財産の給付に係る請求権を取得します（信託契約等による別段の定めも可。法183条1項）。

　一方で、残余財産の給付を内容とするもの以外の受益債権に係る債務の弁済については残余財産の給付とは別のものとされていますので（法177条。Q43・2③・④）、信託契約に特段の定めがない限り、最後の受益者か、（その死亡による終了の場合は）相続人等に対してなされることと考えられます。たとえば、受益者に対して毎月10万円の定額給付がなされることとされていた場合に、何らかの理由で未払いがあったとき、これに係る債権は受益債権であって残余財産の給付を内容とするものではありませんので、最後の受益者か、その相続人に対してなされることになります。実際には信託契約等の定め方にもよりますし、最後の受益者の死亡に

よる終了の際には、その遺言の内容等によるところもありますので、ケースに応じた対応をとることが必要になるでしょう。

　帰属権利者として指定された者が、残余財産の給付に係る請求権を取得したことを知らない場合、受託者は、遅滞なく、その者に通知しなければなりません（法183条2項・88条2項）。

　信託契約等により帰属権利者となった者が信託契約等の当事者でない場合、その者は受託者に意思表示をすることで、権利を放棄することができます（法183条3項）。この意思表示により、第三者の権利を害する場合を除いて、その者は当初から帰属権利者としての権利を取得していなかったものとみなされます（同条4項）。

　なお、帰属権利者は、信託の清算中は受益者とみなされ（同条6項）、受益者としての権利行使ができます。

第7節 特殊な信託

Q 45 受益証券発行信託とは何ですか。

■■ 解 説 ■■

1 受益証券発行信託

　受益証券発行信託とは、信託契約等で一または二以上の受益権を表示する証券（受益証券）を発行することが定められている信託をいいます（法185条1項。次頁・図表1－41）。
　信託の活用のニーズとして、受益者が多数で、かつ、受益権を転々流通させることが求められる場合があり、このような場合には、受益権を有価証券化することが効率的です。ここで、受益証券発行信託とすることにより、受益権を有価証券化することが可能となります。なお、受益証券発行信託では、特定の内容の受益権について、受益証券を発行しないこともできます（同条2項）。
　受益証券を発行する旨の定めのある信託においては、受益証券を発行する旨の定めと、特定の内容の受益権について受益証券を発行しない旨の定めは、いずれも変更することはできず（同条3項）、受益証券を発行する旨の定めのない信託においては、信託の変更によって受益証券を発行することはできません（同条4項）。

【図表1－41】受益証券発行信託

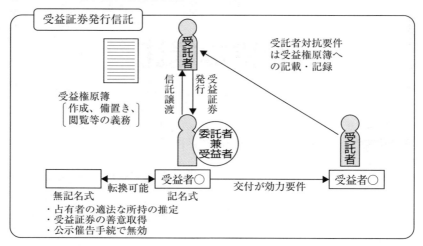

2 受益証券発行信託の特徴

　受益証券発行信託の受益証券の性質は、株券と同様であり、その譲渡手続の簡易化と譲渡の効力の強化の観点から、無記名証券としての性質を持っています。よって、受益証券の譲渡等の効力要件は券面の交付であり（法194条）、受益証券については、占有者の適法な所持の推定（法196条1項）、受益証券の善意取得（同条2項）、公示催告手続で無効（法211条）等、有価証券としての特質を有しています。

　また、受益権原簿の作成（法186条）、その備置きと閲覧等（法190条）といった規定が設けられています。その他、多数の受益者が存在し、かつ転々流通することに伴い受益者の監視・監督権の希薄の懸念への対応として、善管注意義務の軽減不可（法212条1項）、信託事務処理の委託先の不適任・不誠実、信託事務処理の不適切があった場合の受益者への通知等の措置の省略不可（法212条2項）といった規定、また、前述の受益者の権限の制限（Q34）や、原則として受益者集会における多数決による旨の定めがあるものとみなす旨の規定（法214条）等が設けられています。

第7節 特殊な信託

Q 46 限定責任信託とは何ですか。

■■ 解 説 ■■

限定責任信託とは

　限定責任信託は、受託者が当該信託のすべての信託財産責任負担債務について信託財産に属する財産のみをもってその履行の責任を負う信託をいいます（法2条12項。次頁図表1－42）。

　この信託では、第三者が受託者に対して有する債権で、信託事務に関する取引により生じたものや法定の原因により生じたもの（信託での借入債務や土地工作物の所有者責任等）については責任財産が信託財産に限定されると考えられます。一方で、受託者による不法行為で第三者に損害を与えた場合には、受託者の固有財産も不法行為債権の責任財産となることに留意する必要があります（法217条1項）。

　限定責任信託は、①信託行為においてそのすべての信託財産責任負担債務について、受託者が信託財産に属する財産のみをもってその履行の責任を負う旨の定めをすること、②限定責任信託に係る一定の事項の登記をすることの2つの要件を満たすことにより、信託財産に責任が限定される効力が生じます（法216条1項）。

債権者の保護措置

　責任財産が信託財産に限定されると信託の取引の相手方が不測の損失を受けるおそれがあることから、限定責任信託については、その名称中に限定責任信託という文字を用いなければならず（法218条1項）、受託者は、

第1章 信託の基本的なしくみ

【図表1－42】限定責任信託

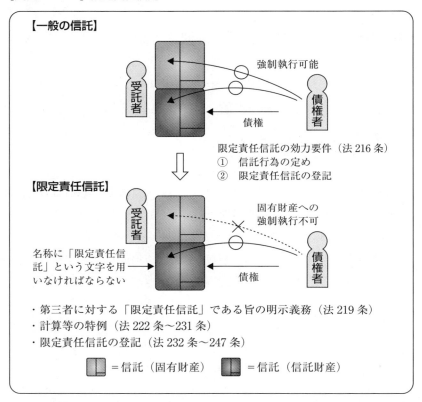

取引の際には相手方に対して限定責任信託である旨を明示しなければなりません（法219条）。また、第三者の予見可能性を高めるため、登記の制度が整備されています。

その他、債権者の保護措置として、帳簿等の作成等、報告および保存の義務等の特例（法222条）、受託者の悪意または重過失があったときの第三者に対する損害責任（法224条1項）、貸借対照表等の虚偽記載等、虚偽登記、虚偽公告の際の受託者の責任（同条2項）、給付可能額を超えた給付を行った場合のてん補・支払義務（法226条1項）、信託財産の給付をした場合の欠損額のてん補・支払義務（法228条1項）の規定が置かれています。

第7節 特殊な信託

Q 47 目的信託とは何ですか。

■■ 解 説 ■■

 目的信託とは

目的信託とは、受益者の定めのない信託のことをいいます（図表１－43）。

このような信託は、①会社内の研究助成等、公益信託の許可を受けるほどの公益性はないものの、これに準じるようなもの、②ペットの飼育等、

【図表１－43】受益者の定めのない信託（目的信託）

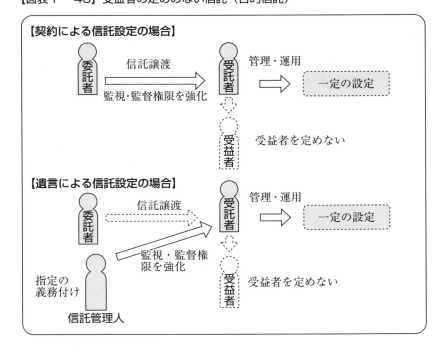

受益の対象が、動物や地域のように権利能力のないもの、③資産流動化のためのチャリタブル・トラスト類似の機能を有するものとしての利用・ニーズが考えられて設けられたものです。

受託者の監視・監督

目的信託については、受益者の定めがないため、受益者による受託者に対する監視・監督権が期待できません。よって、かかる弊害を防止するため、設定に際しては以下の図表1-44にある制限が設けられています（法258～260条）。

【図表1-44】目的信託の弊害防止のための制限

| ① 信託の存続期間は20年以内（公益信託以外）
| ② 設定は契約と遺言の方法に限定（自己信託は不可）
| ③ 契約の方法による場合、委託者の監視・監督権限を強化するとともに（委託者は法145条2項各号（6号を除く）の権利を有する）、受託者の義務も厳格化
| ④ 遺言の方法による場合、信託管理人の指定を義務づけ（信託管理人の監視・監督権限は③の委託者の権限以上）、信託管理人が就任しない状態が1年継続したときは信託終了
| ⑤ 信託の変更により、受益者の定めのある信託の受益者の定めを廃止すること、受益者の定めのない信託について受益者の定めを設けることは不可
| ⑥ 別に法律に定める日までは、信託事務を適正に処理するに足りる財産的基礎および人的構成を有するものとして政令（信託法施行令3条）で定める純資産の額が5千万円以上等の要件を満たす法人以外の者を受託者とすることは不可（信託法附則3項）

第7節 特殊な信託

Q 48 公益信託とは何ですか。

■■ 解 説 ■■

1 公益信託とは

　公益信託とは、信託法258条1項に規定する「受益者の定めのない信託」のうち「学術、技芸、慈善、祭祀、宗教」その他公益を目的とするもので主務官庁の許可を受けたものをいいます（公益信託ニ関スル法律（以下「公益信託法」という）1条）。公益信託については、私益信託とは違い、主務官庁の許可を効力要件としています。

2 公益信託の監督

　公益信託は、私益信託と違い、主務官庁の監督に属し、主務官庁は、検査の権限のほか、供託その他必要な処分を命ずる権限を有しています（公益信託法3条・4条）。
　公益信託の設定の審査について、実務上は、「公益信託の引受け許可審査基準等について」（平成6年9月13日公益法人等指導監督連絡会議決定）に記載された基準に基づいて行われています。
　また、信託の変更、信託の併合・分割をするには、主務官庁の許可を受けなければならず（同法6条）、信託行為の当時に予見することができない特別の事情が生じたときには、裁判所による信託の変更を命じる信託法150条は適用されず、主務官庁は、信託の本旨に反しない限り、信託の変更を命じることができます（同法5条）。
　さらに、受託者は、やむを得ない事由がある場合に限って、辞任するこ

とができますが、その際にも、主務官庁の許可が必要です（同法7条）。

また、信託法258条1項の「受益者の定めのない信託」に関する裁判所の権限は、信託の変更・終了・保全処分を命ずる裁判や、新受託者・鑑定人の選任の裁判等の一定の裁判を除き、主務官庁に属します（公益信託法8条本文）。これに加えて、受託者の解任、新受託者の選任、信託財産（法人）管理命令、信託管理人選任に関する権限については、職権で行うことができます（同条ただし書）。

主務官庁の権限は政令の定めにより、その全部または一部を国に所属する行政庁に委任することができます（同法10条）。また、主務官庁の権限に属する事務は、政令の定めにより、都道府県の知事その他の執行機関においてその全部または一部を処理することができます（同法11条1項）。

  公益信託固有の規律

公益信託については、上記の監督権限等のほかにも、固有の規律がいくつか定められています。

まず、公益信託の受託者は、毎年1回一定の時期に信託事務および財産状況を公告する必要があります（公益信託法4条2項）。

また、受益者の定めのない信託の存続期間を制限する信託法の規定（法259条）が適用されません（同法2条2項）。

さらに、公益信託が終了する場合に、帰属権利者の指定に関する定めがないときまたは帰属権利者が権利放棄したときは、主務官庁は、その信託の本旨に従って類似の目的の為に信託を継続することができます（同法9条）。

  罰　則

公益信託の受託者、信託財産管理者、受託者の職務を代行する者、信託

財産法人管理人、信託管理人、検査役は、①公益信託法4条2項の公告をすることを怠り、または不正の公告をしたとき、②主務官庁の許可を受けずに信託の変更、併合、分割、受託者の辞任をしたとき（公益信託法6条または7条の規定に違反）、③主務官庁の命令または処分に違反したとき、のいずれの場合には、100万円以下の過料に処に処せられます（同法12条）。

第2章

民事信託の概要

第2章　民事信託の概要

第1節 民事信託とは

Q 49 今、民事信託が注目されているのはなぜですか。

■■ 解　説 ■■

1　信託の活用の広がり

　民事信託については、何かしらの法改正をきっかけに可能となったものではありません。

　信託法については平成19年の新法施行により、後継ぎ遺贈型受益者連続信託等、新しい類型の信託について規定が置かれることになり、信託の活用の幅が広がり、注目も集まりやすくなったものではありますが、民事信託自体は、その前から設定することができましたし、件数は少ないですがその例もありました。

　それとは別途、この数年の間で、不動産のコンサルティング会社等を通じて、不動産の有効活用の際の手段として民事信託が活用されるようになりました。その前後から、いわゆる士業と呼ばれる法律の専門家の間で資産管理・承継の手段としての信託に注目が集まり、これが専門家の間で周知されて認知度が高まったことを契機として、民事信託が幅広く活用されるようになりました。

　その件数については千件とも数千件ともいわれ、正確な件数を把握することは困難ですが、少なくとも今後しばらくの間は、その活用が広まるも

のと思われます。

信託の活用に際しての懸念

　一方で、その急激な広まりから、信託の理解が不十分なまま、あるいは歪曲して理解されたまま信託が設定されているような例が多数見受けられます（また、信託を悪用するような例も皆無とはいえない状況です）。このような信託設定をしてしまうと、円滑な資産の管理・承継のために信託を活用しようとしたにもかかわらず、かえって問題が起こり、場合によっては信託設定により問題が大きくなったということにもなりかねません。

　このような事態を回避するためには、信託について十分に理解したうえで、あるいは十分に理解し、豊富な経験を有する専門家を介する等したうえで、万全の体制で信託を設定することが肝要です。また、以下2節でも触れますが、信託については柔軟な設計ができる反面複雑になることも多いので、本当に信託設定の必要があるのか、他の制度の活用で十分ニーズに対応できるのではないかという観点からも検討し、その必要性について十分確認したうえで、必要十分な機能を備えた信託とすることも大切となります。

第2章 民事信託の概要

Q 50 民事信託の具体的な活用事例を教えてください。

■■ 解 説 ■■

1 民事信託の活用事例

　民事信託についてはさまざまな活用方法が考えられ、これは、信託に関しては、信託目的という形で現れます。

　民事信託については、たとえば、以下のような活用事例が考えられ、信託目的も、これに合わせて設定することになります。信託目的については、複数組み合わせることも可能です。

(1) **委託者の生活支援**

　高齢となり認知能力に不安が生じてきた委託者の生活支援のために、一定の財産について受託者に信託譲渡したうえで、受託者が不動産その他の投資用資産については委託者に代わってその管理を行い、金銭については必要に応じて、あるいは定時定額で受益者に給付します。金銭ではなく、信託財産である金銭で一定の物品を購入し、これを給付することも考えられます。

(2) **資産承継**

　委託者の財産について受託者に信託譲渡したうえで、委託者の死亡等を条件に親族等にこれを承継します。受益権で承継したうえで信託を継続させることもありますし、帰属権利者として指定し、委託者の死亡を信託終了事由としたうえで、信託財産となっている財産について、財産の種類枚に現物で給付することもあります。

　資産承継を目的とする信託については、委託者の生活支援と組み合わせて利用される場合が多いです。

(3) 不動産事業

　委託者において行っている、あるいは今後行う不動産賃貸等の事業について、その賃貸や管理等に手間がかかることから、不動産を信託することで不動産賃貸等の事業を受託者において行うことが考えられます。

　また、不動産開発型として、委託者が所有している土地を受託者に信託譲渡したうえで、受託者が建築業者との間で請負契約を締結し、必要に応じて建築資金を金融機関から借り入れる等して、建物を建築します。建物は新築当初から信託財産となり、この建物の活用による便益（家賃収入等）を受益者が享受することになります。委託者としては、各種手続の煩雑さを回避できるほか、建築途中に意思能力が低下した場合においても建築に係る注文内容の変更や分割借入の契約の締結等を（受託者が）できるといったメリットがあります。

(4) 共有不動産の管理・処分

　先代から承継し、複数の親族で共有している不動産（建物含む）について、受託者に信託譲渡し、管理を委ねます。管理に際しての各種契約等について受託者に一本化できるというメリットがあるほか、建替、売却等、共有状態のままの場合には全員の同意がない限り不可能であった対応について、信託契約等の定めにより、たとえば受益者の受益権持分の過半数によることが可能となります。当初信託契約締結時には、信託譲渡することや受益者の意思決定の方法について全員で同意する必要がありますが、その後意見が異なった際には、一定の合理的な方法での対応を期待することができます。

(5) 有価証券の運用

　委託者が有する金銭あるいは有価証券を信託し、委託者が従前行っていた有価証券の運用について受託者が行うことが考えられます。

　委託者が従前行っていなかった形での積極的な運用までは（特に委託者から希望がない限り）行うべきではないかもしれませんが、従前から行われていた運用について、委託者による投資判断が困難となることに備えて、受託者が運用を行うことには十分合理性があるものと考えられます。

一方で、委託者の意思判断能力がある場合に運用に関する指図権を与えるのか、その能力の低下が生じた際に受託者は指図を拒否する（べきな）のか、受託者が自身の判断で運用を行うべきか専門家に信託事務を委任すべきか等、統一的な見解や基準がない部分も多くあります。このような部分については、善管注意義務等の信託法の規律に沿って対応をとりつつ、今後の実務の集積等により対応については判断すべきものと考えられます。

民事信託の目的に関する注意点

　民事信託については、以上のような活用事例があるほか、さまざまなニーズに対応することができます。一方で、Q5にも記載したとおり、脱法信託、訴訟信託、詐害信託は認められません。また、専ら受託者のために設定する信託も信託と認められませんので（法2条1項括弧書参照）、受託者が受益権の全部あるいはほとんど全部を有するような状態を想定した信託の設定は避けるべきでしょう。

　民事信託の設定にあたっては、このように信託法で禁止される信託を設定することは避けなければなりませんし、このような誤解を受ける信託の設定についても避けるべきです。

　たとえば、信託財産としようとする財産について訴訟が係属中であれば、信託設定を訴訟終了後とするか、訴訟が主たる目的ではないことが明確になるように整理したうえで信託を設定すべきですし、債権者を害するものと誤解を受けることのないように（委託者の倒産危機時や債権者を害するとされるおそれがある時期には信託設定をすることを控える等）すべきと考えられます。

第1節　民事信託とは

Q 51　民事信託の設定手続の流れについて教えてください。

■■ 解　説 ■■

　民事信託の設定までの流れについて、特に決められたものはありませんが、概ね以下ようになることが多いです。

(1)　何のために信託を設定するのか（信託目的）を確認する

　民事信託を設定する際、当然ながら委託者にはその目的があります。主な例についてはQ 50で挙げたとおりですが、当然のことながらそれ以外の信託目的であっても問題ありません。

　一方で、その目的を達成するために民事信託による必要があるのかについては十分に検討する必要があります。すなわち、他の制度によっても目的を達成できる場合には、なぜその制度ではなくて民事信託によるのかを十分に確認する必要があります。

　民事信託を設定する場合、受託者には相応の義務が課されるうえ、専門家の活用により少なからず費用が発生します。民事信託のこのような点と、他の制度の特徴を比較したうえで、最終的にどの制度を活用するのかを判断する必要があります。この点については重要な点ですので、Q 55以下で民事信託と他の制度とを比較しながら、詳細に説明していきます。

(2)　民事信託の骨子を決める

　(1)で信託目的と民事信託を活用することを決めた後は、民事信託の骨子を決めます。

　具体的には、①何を信託財産にするのか、②信託の当事者（受託者、受益者、第二受益者、受益者代理人等、変更事由を含む）をどのようにし、誰にするのか、③信託の終了事由（のメインシナリオ）をどのようにするのかという点が、主な要素といえるでしょう。

(3) 信託契約書を作成する

　民事信託の骨子が決まれば、信託契約書の作成が可能となりますので、契約書を作成します。この際、最近は書籍には多くの信託契約に関する契約書例はありますが、信託の場合は構造が複雑なので契約書例をそのまま（あるいは軽微な修正だけで）使えることはほとんどありません。よって、信託の当事者だけで作成するのではなく専門家に依頼することになります（なお、少しずつ普及が進んでいるとはいえ民事信託の設定件数は成年後見や遺言と比べればはるかに少ないため、専門家の経験の多寡はさまざまあり、その点は一応留意が必要でしょう）。

　信託契約書の作成にあたっては、一般的には判断能力の確認等のため公正証書による作成がされていますので（理由はＱ52で述べます）、公証人役場に委託者、受託者が出向いて作成することになります。

　なお、信託の設定に際しては、委託者（予定者）が主導することもあれば受託者（予定者）が主導することもありますが、特に受託者（予定者）主導で委託者が組成の詳細に関与していない場合は、状況を適宜委託者と共有することが大切です。委託者の関与の程度が低いと、（委託者の意思能力等について）後々問題になった場合に信託設定について意思能力なしとされかねないので慎重な対応が必要となります。

(4) 信託の登記、預金口座開設等を行う

　信託契約の締結により基本的には信託が成立しその効力が発生します。これに伴い、信託財産である不動産に関する信託譲渡の登記、信託財産である金銭を管理するための預金口座の開設等を行うことになります。

　信託財産ごとの分別管理の要否についてはＱ20に記載のとおりであり、不動産については信託登記の必要がありますが、金銭については計算を明らかにすれば足りますので必ずしも個別で預金口座を開設する義務は受託者にはありません。しかしながら、帳簿の作成・保存義務を履行することや、Ｑ75でも触れる差押え時の対応を考えると、口座は分けたうえで、できれば受託者であることを明示した口座を作成することが望ましいでしょう。

Q 52　民事信託の設定方法について教えてください。

■■ 解　説 ■■

　民事信託については、一般的な信託と異なるものではありませんので、Q6にあるとおり、契約信託、遺言信託、自己信託のいずれによることも可能です。

　しかし、実際には、将来の備えのために設定するものであることを考えると委託者の相続発生時に効力が発生する遺言信託にすることは考えられず、財産の管理を託し、承継するという目的であれば自己信託とすることもあまり考えられないため、ほとんどの例では契約信託とされています。

　また、信託設定の際、書面を作成することや、公正証書によることが信託の効力発生の条件にはなっていませんが、公正証書により信託契約書を作成していることがほとんどです。これは、委託者の意思能力の担保を主な目的とし、契約内容のダブルチェックという意義もあります。

　すなわち、民事信託については、委託者が比較的高齢であること、将来の意思能力の低下に備える目的で設定することがかなり多く、いい換えれば委託者の意思能力について争われる余地が通常の契約よりも多いものとなります。そうすると、委託者の信託契約締結時の意思能力について、何らかの方法で担保する必要性が高く、そうすることで、受託者の取引相手についても安心して取引に応ずることができるようになります。その担保の方法として、公証人による委託者の意思能力の確認を経た公正証書による方法がとられていることがほとんどとなっているものです（受託者の取引相手である金融機関等が公正証書によることを求めていることもあります）。変更契約を締結する場合においても、よほど軽微な修正等であって無効となっても問題がないようなときを除き、公正証書によるべきでしょう。

また、信託契約の作成には専門家が関与していることがほとんどですが、Q51(3)も記載のとおり、信託契約の内容は複雑であるため、契約内容をダブルチェックするという意義も副次的にあります。

Q 53　信託財産について何か留意点はありますか。

■■ 解　説 ■■

　民事信託に限らず、信託は財産について特段の制約がないのが原則です。一方で、以下のような財産については一定の制約があるため、注意が必要です。

(1)　譲渡制限のある財産

　譲渡制限がある財産については、一定の手続を経ない限り信託譲渡の効力が生じないため、注意が必要です。

　たとえば、農地であれば農業委員会の許可が必要ですし（農地法3条）、譲渡制限株式については株式会社の株主総会あるいは取締役会等の決議が必要です（会社法139条1項）。

(2)　登記・登録が必要な財産

　登記または登録をしなければ権利の得喪および変更を第三者に対抗することができない財産については、信託の登記または登録をしなければ、当該財産が信託財産に属することを第三者に対抗することができません（法14条）。

　詳細はQ8のとおりですが、不動産や株式・（投資信託）受益権・国債等の対抗要件の具備が必要な財産については、分別管理義務（Q20）との関係でも、信託設定次第速やかにその登記・登録等をすべきでしょう。

(3)　信託財産の特定

　信託財産については、正確に特定をすることが大切です。通常であれば範囲が曖昧になることは少ないですが、抽象的に一定の範囲の財産を信託財産とする場合には、注意が必要でしょう。

　また、特定の預金口座にある金銭を信託財産とする場合には、「預金債権」が信託財産となるのではなく、「預金口座内の金銭（あるいは残高相

当額)」が信託財産となるので、記載を誤ることがないように注意する必要があります（理由等の詳細はＱ79を参照してください）。

(4) 債　務

Ｑ7・4で触れていますが、債務については信託財産となる、あるいは信託譲渡できるものではありません。あくまで信託の設定とともに債務引受をすることができるにとどまるものです。感覚的にはあまり変わらないかもしれませんが、考え方や信託契約等での記載は明確に異なりますし、誤った記載や手続がなされると債務引受の効果が生じず、当事者の意図するものと異なる信託となる懸念がありますので、注意が必要です。

Q 54 信託の変更・終了の仕方について何か留意点はありますか。

■■ 解　説 ■■

1　信託の変更に関する留意点

　信託の変更については、当事者の合意により行うことが可能ですが、この場合、原則として委託者、受託者および受益者の合意によることとしつつ、①信託の目的に反しないことが明らかであるときは委託者の合意を省略し、②受益者の利益に適合することが明らかであるときは、受益者の合意を省略すること、③受託者の利益を害しないことが明らかであるときは、受託者の合意を省略することを可能としている点が法定されているのはＱ39・3のとおりです。

　これらについてはいずれもデフォルトルールであって信託契約等で修正することが可能ですが（法149条4項）、信託契約で信託の変更について規定をする場合、どの範囲までを修正する趣旨であるのかを明確にする必要があります。

　たとえば、単に、「この信託は、委託者、受託者及び受益者の合意により変更できる」とのみ規定している場合、単に法律の条文を確認的に規定しただけなのか、それとも上記①～③の省略を排除した趣旨なのかが明らかではありません。このような場合であれば、確認的な規定に留まるという推測をすることは可能ですが、①～③と異なる変更に関する規定をおいていると、実際にこれらを排除する趣旨なのか否かが明確でない例もあるため、何を排除し、何を排除しないのかを、たとえば「信託法〇条〇項にかかわらず」という規定を置く等して、明らかにすることが大切でしょう。

特段の規定を置かなければ何ら問題は生じないものですが、契約において工夫をしたがために却って法律の適用関係が不明確になり、事後的な問題が生じることにもなりかねませんので、注意が必要です。

信託の終了に関する留意点

(1) メインシナリオとなる終了事由の必要性

信託の終了に関し、Q42のとおり法定事由が定められているほか、信託契約等で終了事由を定めることが可能です（法163条9号）。

ここで、終了事由については信託の目的等から自由に定めることが可能ではありますが、メインシナリオとして、どのような場合に信託を終了させるかを考えておくことが大切です（Q51(2)③）。すなわち、特段の終了事由を定めないと、信託は法定事由が生じたり後継ぎ遺贈型受益者連続信託で一定の期間が経過しない限り継続するのが原則となりますが、実際に永久に継続すると受益権が法定相続分に応じて複数の者に承継される等、信託当事者の関係が複雑になります。また、受託者が個人の場合には、その死亡により後継の受託者に受託者が変更されますが、それについても信託契約書に定められる内容には限界があります（委託者不在のときには新受託者の選任は裁判所への申立による必要があります。法62条4項）。

以上のような不都合が生じないように、信託設定時には、どのような場合をメインシナリオとして信託を終了させるのか、たとえば、委託者の死亡や一定の範囲の承継受益者の死亡を終了事由とする等について定める必要があります。

なお、信託法所定の信託終了に関しては、委託者と受益者の合意による信託の終了を信託契約上排除しないと、委託者兼受益者や、その法定代理人（成年後見人等）による信託の終了が生じうるため（法164条1項・3項）、注意が必要です。

また、Q62・3でも記載のとおり、メインシナリオによる終了かそれ

以外の事由による終了かを問わず、もれなく帰属権利者・残余財産受益者を定めることも大切です。

(2) **終了事由の明確性**

終了事由については、判断が明確な事由とすることが大切です。たとえば、「受託者の任務遂行が困難となった場合」といった定め方をすると、そもそも「受託者」が特定の受託者を指すのかが明確でないうえ、何をもって「困難である」かが明確ではなく、当事者間で意見の対立が生じた場合に判断することができなくなります（受託者が「困難ではない」と主張し、受益者が「困難である」と主張している場合等）。

よって、たとえば「受託者乙の死亡または意思能力の低下等により乙が受託者の任務遂行が困難であると判断し、もしくはその旨の診断書が作成された場合」といった、終了事由に該当するか否かが明確となるような事由の設定が必要となります。なお、受託者の任務終了事由についても、同様に明確なものとすることが大切であるため、特に任務終了事由について定めを置く際には注意する必要があります（Ｑ61・2）。

第2節 民事信託と他の資産管理・承継制度との違い・組み合わせ

Q 55 民事信託に関する類似の制度と信託の違いについて教えてください。

■■■ 解 説 ■■■

1 民事信託の役割と他の制度

Q 50でも記載のとおり、民事信託については委託者の(i)資産管理や(ii)生活支援、(iii)資産承継を目的として設定されることが多いのですが、自身の資産管理や生活支援、資産承継を親族等の他人が行う制度は、民事信託の他にもあります。

民事信託の設定については、これらの他の制度との対比で、民事信託を活用するほうが望ましい場合に行うものであるため、これらの対比について十分に把握する必要があります。

そこで、以下では、このような制度のうち、(i)資産管理や(ii)生活支援の役割を果たすことができる委任、成年後見・任意後見、(iii)資産承継の役割を果たす遺言、(i)資産管理や(iii)資産承継の役割を果たす資産承継会社等、すべての役割を果たすことができる(信託銀行が提供する商品である)遺言代用信託について取り上げて、民事信託との対比を含め簡単に説明していきます。

ここで、各制度の主な相違点についてまとめると次頁の表のとおりとなります。

第2節　民事信託と他の資産管理・承継制度との違い・組み合わせ

【図表２－１】資産管理、生活支援、資産承継のための諸制度の比較

	資産管理	生活支援	所有権移転	資産承継	事後的に生じた財産も対象	デメリット
信託	○	○	○	○	×	費用が多くかかる可能性
成年後見	○	○	×	×	○	成年後見人を本人の希望で選べない（専門家がなった場合一定の報酬が発生）
任意後見	○	○	×	×	○	本人の行為を取り消せない　任意後見監督人の報酬が発生
委任	○	○	×	×	○	委任者の意思のみで終了する
遺言	×	×	—	○	○	自筆証書遺言については他人が関与しないため趣旨が不明確になりやすい
資産管理会社等	○	△	○	○	×	個別の資産の管理・運用方法までは定めることができない
（信託銀行の）遺言代用信託	○	○	○	○	×	パッケージ商品であり柔軟な対応が難しい

　民事信託においては、(i) 資産管理、(ii) 生活支援、(iii) 資産承継のすべての役割を担うことができます。また、所有権の移転により受託者による安定的な管理・運用が期待できるとともに、そのニーズに応じて柔軟にさまざまな設計をすることが可能であるという利点もあります。

　一方で、民事信託では、一般的に、その組成のために弁護士、司法書士等の専門家の関与が必要となり、相応の手数料がかかります。よって、対象とする財産についても相当程度ないと、民事信託を設定することのメリットとして見合わないともいえます。

　また、組成後の運用に関しても、裁判所や専門家の関与が必須とされていない（専門家の活用については別途の費用発生も考えられる）ことから、その点についても留意する必要があります。

　制度の利用にあたっては、状況によりますが、これらの特徴を踏まえて、諸制度を複数組み合わせて活用することが、円滑な目的達成のために肝要であると考えられます。

　以下では、まず、委任・資産管理会社等の一般的な制度と民事信託につ

いて比較したうえで、さらに、成年後見・任意後見、遺言、(信託銀行が提供する商品である)遺言代用信託については、その比較のみならず、民事信託と組み合わせて活用することも検討対象になりますので、Qを分けて説明します。

2　委任

　委任は、当事者の一方が法律行為をすることを相手方に委託し、相手方がこれを承諾することによって、その効力を生じます(民法643条)。委任は、必ずしも財産管理についての委託を伴うものではありませんが、当事者間の合意によりさまざまな事項を委託することができます。
　信託と委任(これによる代理)については、財産管理を目的とする場合、いずれも他人に財産を管理させるという点では同じです。
　一方で、信託は、財産権の名義を受託者に移転させるのに対して、委任では、財産の名義は移転せず、本人のままとなります。また、信託は、委託者または受益者が指図を行うことはあるものの、信託財産に対して受託者が唯一の管理・処分権を有しているのに対し、委任では、受任者(代理人)と本人の双方が管理・処分の権限を有する(権限が競合する)とにな

【図表2-2】信託と委任の相違点

	信　託	委　任
財産権の名義	受託者に移転	移転せず本人のまま
管理処分権	信託財産に対して受託者が唯一有する(指図の行使はありうる)	受任者と本人の双方が有する(権限が競合する)
効果帰属	受託者本人(の信託財産)に及ぶ	直接本人に帰属する
当事者の死亡	基本的には存続	委任者または受任者の死亡により原則として終了(民法653条1号)
委託者の意思のみによる終了	原則不可	原則可(民法651条1項)

ります。信託では、受託者による法律効果が受託者本人（の信託財産）に及ぶのに対し、委任による代理では直接本人に帰属するという違いもあります。

　信託では、契約の当事者が死亡した場合においても、基本的には存続し、委託者の意思のみによる撤回はできないのに対し、委任については、委任者または受任者の死亡により原則として終了するのみならず（同法653条1号）、委任者の意思のみで終了（解除）することができる（同法651条1項）という点も異なります。

3　資産承継会社等

　資産を承継するための方法の1つとして、株式会社や一般社団法人等の法人で親族の資産を管理し、株式で承継していく方法があります。この場合、株式の承継については遺言等を併用して行うことになります。

　この方法の場合、資産の管理、承継を行うことができるだけでなく、個別の資産について承継手続を経ずとも、株式の承継を行うだけで実質的に資産承継をすることができるというメリットがあります。

　一方で、財産の給付については株主に対する配当の交付や取締役への報酬、従業員への給与支払等の方法が考えられるものの、財産の都度の給付は通常行われず、（不可能ではないものの）(ⅱ)生活支援という点ではあまり制度に合わないという点があります。

　また、承継するのはあくまで株式であって、資産管理会社等の割合的な権利にとどまるため、不動産については居住用で誰のために使用する、といった、個別の資産の管理・運用方法までは定めることができないため、このようなニーズがある場合には信託の活用が適しているといえます。

Q 56 後見制度との違い・組み合わせについて教えてください。

■■ 解 説 ■■

 後見制度と民事信託の違い

　成年後見については、精神上の障害により事理を弁識する能力を欠く常況にある者についての後見開始の審判により開始します（民法7条）。成年後見人の選任がされると、本人の（日常生活以外の）法律行為を取り消すことができるようになるとともに（同法9条）、本人の財産を管理し、その財産に関する法律行為について被後見人を代表することになります（同法859条1項）。

　任意後見については、任意後見契約の登記後に、精神上の障害により本人の事理を弁識する能力が不十分な状況になり、任意後見監督人が選任されることで効力を生じます（任意後見契約に関する法律2条1号・4条1項）。任意後見人については、任意後見契約に記載された代理権等が付与されます。

　成年後見・任意後見については、いずれも本人の財産を管理することや、法律行為を代理することが可能ですので、(i)資産管理や(ii)生活支援の制度として有用です。

　一方で、成年後見の場合は、本人の事理弁識能力が不十分となった後に開始するため、成年後見人を本人の希望で選ぶことが難しくなります。また、仮に親族が成年後見人になろうとしても、家庭裁判所の判断（財産状況や紛争の有無等）によっては、親族が成年後見人となるとは限らず、いわゆる士業等の専門家が成年後見人となった場合には、毎月数万円程度の報酬に係る費用が発生します。

第2節　民事信託と他の資産管理・承継制度との違い・組み合わせ

　任意後見の場合には任意後見人を本人の希望とすることができるものの、本人の行為の取消し等ができず（本人の事理弁識能力が一定程度残っていることもあるため）、財産を守る方法としては不十分となることがあります。また、任意後見の発動の要件である任意後見監督人の選任がなされると、後見監督人について毎月数万円程度の報酬に係る費用が発生します。

　このほか、成年後見・任意後見については(iii)資産承継の機能を果たすことはできません。

　この点、信託であれば、本人（委託者）の財産の所有権は受託者に移転するので、信託財産については、本人の事理弁識能力が不十分であってもこれにより流出することはありません。また、後見人に相当する受託者については委託者自身が選ぶことができるという点で、メリットがあります。

　ただし、受託者が管理できるのは信託財産に限られるため、たとえば本人の預金口座に直接振り込まれた金銭については、追加信託しない限り信託の対象とすることができない（委託者の意思判断能力が喪失している場合には管理対象とすることができない）のに対し、成年後見・任意後見については本人の財産について広く管理権が及ぶという違いがあります。

　また、民事信託の組成には前Q55のとおり専門家にかかる費用が発生し、また、信託監督人、受益者代理人に専門家が就任している場合には、これに係る費用が発生することも考えられます。

　民事信託と後見制度の組み合わせ

(1)　民事信託と成年後見の組み合わせ

　民事信託と成年後見について、民事信託は委託者の意思能力の低下等の将来の備えのために設定するものであり、成年後見はすでに意思能力が低下した後に活用する制度になり、相反する場面での活用が想定されるものですので、基本的にはこれらを組み合わせることは考えられません（例外

的に保佐・補助の状態で同時に設定することが考えられますが、かかる場合、民事信託の設定の是非については相当慎重に設定する必要があります)。

　むしろ、民事信託を設定した後に成年後見人等が選任され、当該成年後見人がその設定の無効等を主張する懸念を考えると、以下の(2)による任意後見との組み合わせを検討することが大切と考えられます。

(2) 民事信託と任意後見の組み合わせ

　民事信託と任意後見については、いずれも（委託者・被後見人の）意思能力の低下等、将来の備えのために設定するものであり、これらを組み合わせるのは一般的といえます。特に、民事信託を設定した後に成年後見人等が選任され、かつ当該成年後見人が民事信託の設定に関与していない者でその設定の無効や当事者の合意による信託の終了を主張する懸念を考えると、民事信託の設定にあわせて任意後見契約を締結するのが適当であると考えられます。

第2節　民事信託と他の資産管理・承継制度との違い・組み合わせ

Q 57　遺言との違い・組み合わせについて教えてください。

■■ 解　説 ■■

1　遺言と民事信託の違い

　遺言は、自筆証書、公正証書等の方式により、（遺留分の規定に反しない範囲で）、遺言者の死亡後の財産の全部または一部を処分するものです（民法960条・967条・964条）。

　遺言では、本人の意思により(iii)資産承継をさせることができ、自筆証書遺言等であれば本人の関与のみでこれを作成することができるというメリットがあります（一方で、他人が関与しないため趣旨が不明確になりやすいという問題もあります）。信託についても自己信託、遺言信託であれば委託者のみでの作成が可能ですが、自己信託については効力発生について一定の要件が課されます。

　また、遺言については、遺言作成後に取得した財産を含め、包括的な承継ができるという点でもメリットがあります（信託についても、遺言信託であれば同様の定め方もできるものと考えられます）。

　一方で、信託と異なり、自身の生前の(i)資産管理や(ii)生活支援を遺言で行うことはできません。また、後継ぎ遺贈型受益者連続信託（法91条）のように、受益者の死亡により他の者が新たな受益権を取得する旨の定めを置くことで、数次相続の場合に自己の財産を順次誰に承継させることができるという点で、信託についてはメリットがあります。

　なお、信託についても、追加信託する旨の規定を置くことで、事理弁識能力がなくなった後に取得した財産（たとえば年金受給権に基づき取得した金銭等）を追加信託することも可能と考えられます。さらに、注ぎ込み

遺言と呼ばれる、死亡時点において委託者が固有財産で有していた残りの財産を信託する旨の定めがあれば、死亡時点の委託者の固有財産をすべて信託することもできるものと考えられます。これらについてはいずれも（死因）贈与や遺言と同様に委託者の意思に基づき財産を承継させるものであり、（死因）贈与や遺言の形式が整っていれば、財産の譲与や承継に関する諸制度の趣旨に反するものでもなく、かかる追加信託を否定する理由はないからです。

対応方法に関し、死亡時点の財産の追加信託については、死因贈与と構成すれば信託契約において行うことも可能と考えられますが、判例等がない現状を考慮すると、それだけでなく、遺言でも残る財産を追加信託する旨の記載をおいたほうがよいものと思われます。

民事信託と遺言の組み合わせ

以上のとおり民事信託と遺言は資産承継に関しては類似点があるものの、それぞれが有しない役割について補完する関係にあることから、これらを組み合わせることは有用であり、実際に多いものと思われます。

特に、年金等、民事信託の設定後に発生した財産については、委託者の意思能力低下後の追加信託が原則として困難である（あらかじめ継続的な追加信託の合意をすることも考えられますが、実務上、委託者名義の預金の払戻し等の代理権限について金融機関との関係での整理が難しい）ことに鑑みると、民事信託の設定だけでは十全ではなく、遺言の作成も有益です。

これらを踏まえ、実務的には、民事信託と任意後見、遺言の3つを組み合わせるという例も多いようです。

なお、前記のとおり、いわゆる注ぎ込み遺言により、これらの財産を追加信託する旨を遺言に記載して信託側で承継することも有用です（かかる遺言も有効と考えられます）が、かかる遺産の取扱いについては金融機関により異なるため、事前の確認を行う等の工夫をすることが大切です。

第2節　民事信託と他の資産管理・承継制度との違い・組み合わせ

Q 58 遺言代用信託との違い・組み合わせについて教えてください。

■■ 解　説 ■■

 遺言代用信託と民事信託の違い

　遺言代用信託とは、委託者の死亡時に受益者（その予定者）が受益権を取得する旨、あるいは、委託者の死亡の時以後に受益者が信託財産の給付を受ける旨の定めのある信託（法90条）をいいます。

　信託銀行では、委託者の金銭を信託財産とし、信託銀行を受託者とする遺言代用信託の商品を提供しています。商品の内容については信託銀行により異なりますが、一時金型と年金型の商品が用意されています。

　一時金型では、100万円から500万円程度の金銭を信託財産として、委託者の死亡時に帰属権利者（委託者の親族となることが多いです）にこれを円滑に交付することで、委託者の葬儀費用、帰属権利者やその親族の当面の生活費を賄うことができます。

　年金型では、最大で数千万円程度の金銭を信託財産として、委託者や（委託者死亡後について）委託者の親族を受益者として、定時定額で金銭の給付を受けることができ、委託者やその親族の生活費を賄うことができます（一時金型の商品と組み合わせることもあります）。

　この信託銀行の提供する商品である遺言代用信託については、信託財産が一定の範囲の額の金銭に限られますが、委託者の(ⅰ)資産管理や(ⅱ)生活支援、(ⅲ)資産承継のすべての役割を果たすことができます。

　遺言代用信託に関しては、民事信託でも該当規定を設けることにより、遺言代用信託としての役割を果たすことができるものです。一方で、信託銀行の提供する商品である遺言代用信託については、パッケージ化された

185

商品であるため、この商品を活用することによりできることは限られる一方、民事信託と比べると活用のための費用があまりかからないという違いがあります（民事信託では、前記のとおり、相当程度の手数料がかかります）。

 民事信託と遺言代用信託の組み合わせ

　信託銀行が受託者となるパッケージ化された遺言代用信託の商品については、信託財産が金銭に限定されますが、かかる商品の活用により民事信託の受託者以外に財産を承継させたい（たとえば、事信託の受託者は長子としつつ、遺言代用信託の商品については配偶者に承継させる等）のであれば、これらを組み合わせも一応考えられます。

　ただ、実際には民事信託で受託者名義の預金口座を開設していれば、信託銀行が受託者となるパッケージ化された遺言代用信託の商品に代えられることが多いため、このような組み合わせは不要であることが多いように思われます。

第3節
民事信託の当事者

Q 59 民事信託では委託者が複数になることもあるのですか。

■■ 解 説 ■■

  委託者とは

　委託者とは、信託をする者をいい（法2条4項）、委託者の権利については、信託契約等で、信託法の規定による委託者の権利の全部または一部を有しない旨、または、信託法145条2項に定める権利の全部または一部を有する旨を定めることができるとされています（法145条1項）。
　委託者の意思は、民事信託にとっては、信託の中核をなす信託目的そのものですので、委託者の権利のデフォルト・ルール化により、目的の実現に委託者自らが関与できる事項が拡大することは民事信託にとって有用と評価されるものと考えられます。

  共同委託

　民事信託においては、それ以外の信託と同様、委託者が複数となることも可能です。
　この場合、1つの信託に対して複数人が委託者となってそれぞれ信託財産を受託者に信託譲渡することになります。委託者が受益者となる自益信

託では、受益権の割合を定めてそれぞれが受益者となることが想定されます。Q50・1(4)のように、共有不動産を信託する場合や、夫婦がそれぞれの財産を1つの信託で（子を受託者にする等して）管理する場合がこれに該当します。

　共同委託の場合、信託の終了により当然に各委託者に信託した財産が戻るものではないため、そのようにしたい場合には、信託の終了時に誰にどの財産を帰属させるのかを信託契約等で定める必要があります。

　また、共同委託と類似する状態として、信託財産の合同運用が挙げられます。信託財産の合同運用では、複数の信託についてそれぞれ委託者がおり、受託者が同一人物である場合に、その信託財産を合同して運用することになります。たとえば、それぞれが共有持分を有する不動産について一体として運用し、あるいは信託財産に属する金銭についてあわせて運用することが考えられます。

　これにより、運用が合理化し、あるいは運用の規模が大きくなることにより運用の対象が広がることが見込めますが、合同運用する場合には、それぞれの信託ごとに財産の帰属を明確にする必要があります。この場合、必要に応じて信託相互間の財産の関係、受渡しについて決める必要があり、信託財産間の利益相反取引（法31条1項2号）に該当する場合には信託契約等における規定も必要となるので、注意が必要です。

第3節　民事信託の当事者

Q 60　受託者の決め方について教えてください。

■■ 解　説 ■■

　民事信託で受託者を誰にするかについて、信託法で特段決められているわけではありませんが、未成年者らは受託者にはなることができませんので（法7条。Q 16）、注意が必要です。

　受託者を複数定めることも可能ですが、その必要性については吟味が必要です。たとえば、委託者の長男と第三者の専門家を受託者として、日々の給付については長男が行い、専門家は預金の管理や報告を行う等の職務分掌型の受託者の定め方であれば考えられます（ただし、専門家である受託者は反復継続して信託の引受けをすることが想定されるので、信託銀行や信託会社であることが必要になります）。

　一方で、委託者の2人の子を全員受託者とし、その協力で信託財産の管理・運用をすることは、考え方として皆無ではないものの、管理・運用方法で意見の対立があった場合、2人だと受託者の過半数での信託事務処理方法の決定（法80条1項）ができなくなるという問題が生じうるので、避けるべきでしょう。

　また、財産承継のための民事信託の場合に、受益者を委託者、帰属権利者を受託者とする信託を設定することがあります。これについては、信託法で禁じられるものでもありませんし、信託目的に照らして不相応というものでもありませんが、信託期間中の信託財産の給付を制限することで帰属権利者が得る利益が大きくなるという点で、広義の利益相反の状況が生じるため、注意が必要です（この点についてはQ 69で詳述します）。

　法人が受託者となることも当然可能ですので、一般社団法人や株式会社が受託者となることも可能です。この点、株式会社については事業を営むものであり、信託の引受けについて事業として行う場合には信託業法が適

用され、内閣総理大臣の免許が必要となりますが（信託業法3条）、株式会社が信託の引受けをしたことで直ちにこれが事業として行われたことにはならず、事情によりますが、反復継続の意思がなければ株式会社による信託の引受けも可能と考えられます。

　受託者の報酬については、民事信託では、特に信託契約等で定めた場合に受け取ることができますが（Q 26参照）、委託者の親族であり、実質的な財産の承継者が受託者になることが多い現状からは、受託者が報酬を受け取っている例はかなり少ないようです。

第3節 民事信託の当事者

Q 61 民事信託の受託者の任務の終了と解任の際の留意点について教えてください。

■■ 解　説 ■■

1　後継受託者の指定

　信託の終了に関し、Q 27 のとおり法定事由が定められているほか、信託契約等で終了事由を定めることが可能です（法56条1項7号）。
　このような受託者の任務終了事由が生じた場合、信託契約等に後継の受託者の定めがあればそれに従い新受託者が選任されます。特に定めがない、あるいは、新受託者として指定された者が信託の引受けをしない場合は、委託者および受益者の合意によって、新受託者の選任が可能です（以上、法62条1項）。
　しかし、実際には受託者の任務終了事由が発生した際には委託者の意思能力が低下していることもあるため、信託契約等で後継の受託者を定めていない限り、利害関係人の申立に基づく裁判所による新受託者の選任（同条4項）とならざるを得ないことが考えられます。裁判所による選任となると非常に手間がかかることを踏まえると、あらかじめ信託契約等により（引受けをしてもらえる）後継受託者を定めておくことが大切でしょう（実際に後継受託者が受託者に就任した場合には、さらにその後の受託者を定めることが大切です）。
　なお、受託者の解任に関しては、委託者と受益者の合意による受託者の解任を信託契約上排除しないと、委託者兼受益者や、その法定代理人（成年後見人等）による受託者の任務の終了が生じうるため（法58条1項・3項）、注意が必要です。
　また、後継受託者の選任について、前受託者に選任権を認める規定を置

く例が見受けられますが、この場合、事実上の利益相反の懸念があります。この点についてはQ 69で詳述します。

 任務終了事由の該非の明確性

　受託者の任務終了事由については、これが発生しているかどうかの判断が明確な事由とすることが大切です。たとえば、「受託者の任務遂行が困難となった場合」といった定め方をすると、何をもって「困難である」かが明確ではなく、当事者間で意見の対立が生じた場合に判断することができなくなります（受託者が「困難ではない」と主張し、受益者が「困難である」と主張している場合等）。

　よって、たとえば「受託者の死亡または、意思能力の低下等により受託者が受託者の任務遂行が困難であると判断し、もしくはその旨の診断書が作成された場合」といった終了事由に該当するか否かが明確となるような事由の設定が必要となります。

Q 62 受益者や帰属権利者等の定め方について教えてください。

■■ 解 説 ■■

1 信託目的に照らした受益者の決定

　民事信託では、信託による利益を受ける者として、(当初)受益者、承継受益者、帰属権利者・残余財産受益者を定め、あるいは受益者指定・変更権についての定めを置くことが考えられます。これらの受益者等の決め方については特段決まりがあるものではありませんが、基本的には、信託目的に照らして決めていくことになるでしょう。

　たとえば、委託者の財産管理や生活支援が目的なのであれば当初受益者は委託者になるでしょうし、委託者の死亡により信託を終了させて信託財産の帰属を決めるのであれば、帰属権利者として定めることになります。委託者の死亡後も信託を継続させて後継ぎ遺贈型受益者連続信託とする場合には、配偶者や子等を承継受益者として定め、あるいは帰属権利者・残余財産受益者に関する定めを置くことになることが考えられます。

　委託者の生前の委託者への貢献等によって受益者を変更する余地を残すのであれば、原則としての承継受益者を定め、信頼できる第三者に受益者変更権を与えることも考えられます(承継受益者となりうる者に受益者変更権を与えることは適切ではないと考えられますので、弁護士等の第三者の専門家に与えるのが適当でしょう)。

　なお、受託者は、受益者として信託の利益を享受する場合を除き、何人の名義をもってするかを問わず、信託の利益を享受することができないとされています(法8条)。信託は、受託者が、受益権の全部を保有することになっても直ちには終了しませんが、受託者が受益権の全部を固有財産

で有する状態が1年間継続したときには、信託は終了することになります（法163条2号）。承継受益者や残余財産受益者も受益者の一種ですので、これらの定めがあれば受託者が受益権の全部を固有財産で有する状態が1年間継続したことによる信託の終了に該当しないということも考えられます。しかしながら、受託者のみがその時点での受益権の全部を有するような状態が1年間以上継続することは通常想定されませんし、上記の受託者による信託の利益の享受の禁止の規定に反すると考えられることから、そのような誤解を受けることのないよう、受益者の決め方には注意をする必要があります。

2 承継受益者

　信託の受益者は受益権の譲渡や受益者変更権の行使等により変更されることがあり、信託設定当時の受益者を当初受益者、その後の変更により受益者となった者を承継受益者、後継受益者、第二受益者等といいます。

　民事信託では、受益権の譲渡により受益権が親族以外の第三者に移転することは通常想定していませんが、信託契約等の定めにより、受益者の地位が移転することは信託目的に応じてあり得ます。

　このうち、信託法では、特に、遺言代用信託と後継ぎ遺贈型受益者連続信託について定めています（Q 32・Q 33）。

　承継受益者を定めるにあたって、特に規制はないのですが、漏れがないようにしておくことが大切です。すなわち、承継受益者を定めるにあたっては、想定とは異なる順序で承継受益者が死亡することも考えられ、A→B→Cの順で承継させようとしても、Aの死亡時点ではBがすでに死亡しているといったことがあり、この場合にCに承継させる旨の規定を置く必要があるものです。

　このような単純な場合であれば漏れはあまり生じないのですが、長期間にわたり何次にもわたって受益権を承継させようとすると、漏れがないようにするためには何パターンにも分けた規定を置く必要があるため、十分

第3節　民事信託の当事者

に注意する必要があります。また、信託契約等に規定する最終受益者の死亡が信託の終了事由になっていない場合には、最終受益者死亡後の承継についても規定を置く必要があります。

途中で受益者が複数となることが想定される場合にいは、あわせて受益者が複数の場合の意思決定の方法（Q 34 参照）についても定めることが円滑な信託事務の遂行のためには大切です。

なお、受託者を承継受益者に指定することがありますが、この場合、事実上の利益相反の懸念があります。この点についてはQ 69 で詳述します。

3　帰属権利者・残余財産受益者

帰属権利者と残余財産受益者（Q 44 参照）の定めについても信託法上特に規制はありませんが、上記の承継受益者同様、漏れがないようにする必要があります。1つは、承継受益者同様、信託終了時に帰属権利者等として指定された者が死亡している場合の漏れを防ぐ必要があるという点です。すなわち、指定を受けた者がいなければ委託者またはその相続人その他の一般承継人が承継することになりますが（法182条2項）、数次の承継受益者を定めている場合等、必ずしも委託者の相続人を帰属権利者とすることが適当でない場合もあり、適切な指定をしておくのが委託者の意思にも沿うものと思われます。

もう1つは、メインシナリオによる終了以外の場合（法定事由による終了の場合）の帰属権利者等の指定についてです。（委託者死亡前の）法定事由による終了の場合に、信託契約等の規定から、委託者以外の者が帰属権利者となるように読めるとき、これが果たして委託者が本当に望んでいる帰属権利者等の指定といえるかは不明ですので、委託者の意図に沿った指定となるよう、十分に確認のうえ規定を置く必要があります。

なお、受託者を帰属権利者等に指定することがままありますが、この場合、前記と同様、事実上の利益相反の懸念があります。この点についてはQ 69 で詳述します。

Q 63 信託監督人・受益者代理人はどのような場合にどちらを選任すべきですか。

■■ 解 説 ■■

　信託監督人等を選任する場合

Q 36でも説明したとおり、信託監督人は、受益者が受託者の監督を適切に行うことができない場合等に一定の監視・監督的な権限を有し、受益者代理人は、受託者等の免責を除き、受益者の有する一切の権限を有する者となります。

信託監督人、受益者代理人については相違はあるものですが、いずれも受益者の権利義務を守るための機関となります。よって、民事信託では、特に受益者の適切な権利行使が期待できない場合、具体的には、(当初委託者兼)受益者の意思能力の低下が懸念される場合に選任されますが、信託設定当初から選任されるケースも多くあります。信託設定当初に選任するのではなく、一定の条件（たとえば委託者の意思能力の低下）により選任される場合には、その選任条件を明確にする必要があります（Q 61・2参照）。

　信託監督人と受益者代理人のいずれとすべきか

信託監督人と受益者代理人のいずれを指定すべきかについて、特段の決まりはありません。ただ、両者の位置づけの違いにより、どちらを指定しているかが異なるようです。

すなわち、信託監督人は、法定の権限を狭くする一方、受益者にも権限行使を認めており、受益者代理人には広範な権限を与えて、受益者の権限

行使を制限しています。このような相違から、受益者の権限行使を制限することを企図する場合には受益者代理人、そうでない場合には信託監督人を指定しているようです。信託監督人を指定する場合、信託監督人には、信託契約等で規定することにより追加で権限を付与しているケースも見受けられます。ただし、権限の競合がありうることから（Q 36・5）、競合した場合の処理（信託監督人と受益者どちらを優先するのか、両者の合意が必要とする範囲、単独での行使が可能な範囲の設定等）について規定する必要があります。

どちらの指定がよいと一概にいうことはできませんが、受益者による権利行使を重視する場合には信託監督人、これを重視せず、権限行使の明確性を重視する場合には受益者代理人の指定が適当といいやすいでしょう。

 信託監督人・受益者代理人を誰にするか

信託監督人等を誰にするかについて、信託法上特段の規制はありません。ただし、受託者を監督するという役割からは、受託者を指定することは考えられないでしょう。

実際には受託者以外の親族や、いわゆる士業等の専門家を指定するケースが多いようです。士業等の専門家を指定する場合には、毎月数万円程度の報酬が規定されているケースがほとんどですので、就任しうる親族の有無や指定の必要性、費用負担の可否等を勘案して決めることになるでしょう。

なお、信託監督人等の任務終了事由が発生した場合の後継の信託監督人等の選任について、前任の信託監督人等に選任権を認める規定を置く例が見受けられますが、この場合、事実上の利益相反の懸念があります。この点については Q 69 で詳述します。

第4節 民事信託の内容・当事者の変更

Q 64 信託財産の給付・運用について教えてください。

■■ 解 説 ■■

1 信託財産の給付

　民事信託における信託財産の運用については、たとえば、受益者の生活のための給付や、信託財産の維持・増加のための運用が考えられます。

　このうち、受益者の生活のための給付については、具体的に金額や給付方法についての指定が信託契約等においてされていればこれに従います。指定がされていない場合には信託目的に沿う形で受託者の裁量により行われるものですが、たとえば金銭の交付ではなく信託財産である金銭により物を購入して給付する場合には、受託者の権限に違反するものではないか、留意して行う必要があります。また、定時定額の給付ではない場合に、受益者の求めに応じて支払っているときには、受益者の財産管理能力の低下（これに伴う必要以上の求めへの対応等）についても注意をしながら対応をとる必要があります。

2 信託財産の運用

　受託者は、信託財産に属する財産の管理または処分およびその他の信託

の目的の達成のために必要な行為をする権限を有するため（法26条本文）、信託契約等に定めがなくても、信託目的の趣旨を勘案し、財産の運用を行うことができます。

　ここで、信託財産である賃貸用不動産のように、もともと運用を想定しているものについてはもちろん、必ずしも運用が当然の前提とされていない金銭についても、信託目的の趣旨により運用は可能です。

　ただし、運用に関しては、信託契約等によりその権限に制限を加えることは妨げられません（同条ただし書）。たとえば、運用による利殖を目的とする信託において、信託契約等で、デリバティブ等のリスクの高い金融商品には運用しない旨を定めることが考えられます。

　民事信託においては、その信託目的によりますが、運用による利殖を目的の1つとする場合であっても、どの程度のリスクのある金融商品について運用してよいかは明確に判断できるものではありません。よって、上記の権限の制限の規定がなくとも、運用については慎重に行うことを原則として、損失が生じうる金融商品に運用を行うことが想定されるような場合には、その旨や、どの程度のリスクのある金融商品について運用していいかを、信託契約等で明示することが望ましいでしょう。

Q 65 民事信託において受益権の譲渡や放棄はできますか。

■■■ 解　説 ■■■

 受益権の譲渡・質入れ

　民事信託に限らず、受益権については譲渡ができるのが原則です（法93条1項本文）。

　ただし、受益権の譲渡についてはその性質がこれを許さないとき（たとえば一身専属的な内容の受益権であるとき）、信託契約等で譲渡について禁止しているときは譲渡できません（同項ただし書・2項）。

　質入れについても同様の規律が設けられています（法96条）。

　民事信託の場合には、もともと受益権を自由に譲渡することを想定するものではないことから、（受託者の同意がない限り）受益権を譲渡できないとしている例が多く見受けられます。

　特に受託者が借入れ等を行う場合、金融機関としては受益者の変更が信用に影響を及ぼすおそれもあるため、金融機関からの要請により、債権者の承諾なしに譲渡・質入れその他の処分ができないとしている例も多いものと思われます。

 受益権の放棄

　受益権の放棄についても、民事信託に限らずできるのが原則です（法99条1項本文）。

　ただし、受益者が信託契約等の当事者の場合には放棄できません（同項ただし書）。民事信託の場合には、当初は委託者が受益者を兼ねている場

合が多いので、このような場合には放棄はできません。

　一方で、委託者が受益者を兼ねていない他益信託の場合や、第二受益者以降の信託契約等の当事者以外の者が新たに受益権を取得した場合は、これらの者は放棄することが可能です（受託者が受益権の一部を有している場合は信託契約等の当事者のため放棄できないと考えられます）。

　受益者は、受益権の放棄の意思表示をしたときは、第三者の権利を害しない限り、当初から受益権を有していなかったものとみなされます（同条2項）。

　なお、受益者が債務を直接負担するということは（個別で合意しない限り）ないので、民事信託において受益権の放棄のみがなされることは極めて稀といえるでしょう。

Q 66 当事者に変更があった場合にはどのようにすればよいのですか。

■■■ 解 説 ■■■

1 受託者間の事務引継ぎ等

　当事者の変更として、まず、受託者の任務終了等に基づく受託者の変更が挙げられます。

　受託者の変更に関し、後継受託者等が就任した場合、前受託者は、遅滞なく、信託事務に関する計算を行い、すべての受益者（信託管理人を含む）に対して、承認を求めるとともに、後継受託者等が信託事務の処理を行うのに必要な信託事務の引継ぎをしなければなりません（法77条1項）。これらの受益者が信託事務の計算を承認した場合には、前受託者の職務の執行に不正の行為があるときを除いて、その受益者に対する信託事務の引継ぎに関する責任は、免除されたものとみなされます（同条2項）。

　この場合、信託事務の円滑な運営の観点から、会社法667条2項の持分会社の清算を参考に、受益者が前受託者から信託の計算の承認を求められたときから1か月以内に異議を述べなかった場合には、その受益者は、その信託の計算を承認したものとみなすものとされています（同条3項）。

　なお、受託者である個人が死亡、後見開始または保佐開始の審判を受けたことにより受託者の任務が終了した場合においては、前受託者は実際上引継ぎを行うことができないことから、前受託者の相続人等に引継ぎの義務を課しています（法78条）。民事信託においては、前受託者の死亡による後継受託者への引継ぎに関し、後継受託者が前受託者の相続人等であることも多いかと思われます。この場合、引継ぎの義務を負うのは前受託者の相続人等全員ではあるものの、実際には、後継受託者が前受託者の相続

人等であれば、引継ぎは後継受託者において完結するものと考えられます。

 その他の当事者の変更

当事者の変更については、上記のほか、受益権譲渡等に基づく受益者変更、委託者の地位の承継、信託監督人・受益者代理人の変更が考えられます。

このうち、受益者変更については、受益権譲渡等に伴う受託者対抗要件としての通知・承諾、第三者対抗要件としての確定日付のある証書による通知・承諾を行うことになります（法94条）。

信託監督人・受益者代理人の変更に関して、新信託監督人等が就任した場合には、信託監督人等であった者は、遅滞なく、受益者に対しその事務の経過および結果を報告し、新信託監督人等がその事務の処理を行うのに必要な事務の引継ぎをしなければならないとされています（法135条2項・142条2項）。

委託者の地位の承継に関しては、特段、手続に係る規定はありません。

なお、受託者の変更を含め、また、登記・登録が必要な信託財産に関して登記事項である当事者の変更が生じた場合は、変更の登記等を行うことになります（不動産登記法103条1項・97条1項）。

Q 67 民事信託で信託の併合・分割を行うことはあるのですか。

■■ 解 説 ■■

1　民事信託における信託の併合・分割の場面

　民事信託においては、信託の併合・分割が行われることは現行実務ではあまりないように思われます。これは、必ずしもその必要性がないということもありますし、信託の併合・分割についてのノウハウがあまりないということも一因のように思われます。

　一方で、信託の併合・分割をすることが有用な場面がないかというと、そうとは限りません。たとえば、夫婦で信託を設定している場合で、いわゆるたすき掛けで一方の死亡後に他方に財産を承継して信託を存続させるとしているときには、併合のニーズがあり得ます。すなわち、一方の死亡後に信託は2つ並行して存続するものの、当事者や信託契約の内容はほぼ同じになることが想定され、このような信託が複数あるのであれば、これらを併合したほうが事務等の効率化の観点からは望ましいと考えられるものです。

　また、当初委託者兼受益者が死亡した後も存続する信託で、当初委託者兼受益者の死亡後に受益者が複数人となることがあり得ます。このような信託であっても、単に受益権の割合に応じて金銭の交付等を行うに留まるものであれば分割の意義まではありませんが、一方で受益権の承継後に新たな運用（有価証券の運用や不動産の開発等）を行う場合には、その承継する財産の状況により、信託を別にして運用するほうが望ましいという事態も考えられます。特に受益者相互間で意見が異なることが想定されるのであれば、信託を分割する意義が相応にあるといえるでしょう。

信託の併合・分割と取引先の合意の要否等

　信託の併合・分割をする場合、併合・分割前の信託に係る信託財産や信託財産責任負担債務は併合・分割後の信託に（一定の範囲で）包括承継されることになります。ただし、債権者保護手続があることから、信託財産責任負担債務がある場合には、所定の手続が必要になります（Q40・41）。また、取引相手が金融機関の場合等においては、取引の際の条件として、併合・分割に際して届出を要することとしている例等もありますので、受託者名義での取引開始時の契約書等の確認をする必要があります。

Q 68 民事信託に税金はかかりますか。

■■ 解　説 ■■

信託に関する課税の原則

　民事信託においては、受益者等に課税がなされる受益者等課税信託（集団投資信託、法人課税信託、退職年金等信託、特定公益信託等以外の信託）となるのが原則です。

　この場合、受益者としての権利を現に有するものと受益者とみなされるもの（みなし受益者）が、信託財産に属する資産・負債を有するものとみなし、かかる収益・費用も帰属するものとみなして、法人税法や所得税法が適用されることになります（法人税法12条1項・2項、所得税法13条1項・2項）。

　ここで、みなし受益者とは、信託の変更をする権限（他者との合意による変更権を含み、信託の目的に反しないことが明らかである場合に限り信託の変更をすることができる権限を除く）を現に有し、かつ、当該信託の信託財産の給付を受けることとされている者で受益者以外の者のことをいいます（法人税法12条2項、法人税法施行令15条1項・2項、所得税法13条2項、所得税法施行令52条1項・2項）。

　よって、受託者に収益・費用が帰属したとしても、受託者の段階で独立に課税されることはないのが原則です。

信託設定時の課税

　設定時に委託者と受益者が1人であり、同一者である受益者等課税信託

では、実質的な財産の移転がないことから、信託設定による課税関係は生じないものとされています（所得税基本通達13－5、法人税基本通達14－4－5）。

委託者と受益者が異なる他益信託となる場合、委託者・受益者等がいずれも自然人（法人以外の個人）であるときには、課税が発生します。すなわち、対価の支払がないと受益者等にみなし贈与税または相続税が課され（委託者には特段課税は発生しません）、対価の支払があると委託者に譲渡所得にかかる所得税が課されます（低廉譲渡だと受益者等にみなし贈与税も課されます）。

 信託期間中・終了時の課税

受益権の譲渡等により受益者の変更があった場合についても、対価の有無により他益信託を設定する場合と同様に課税がされます。

信託期間中は、受益者等に信託財産に属する資産・負債が属するものとみなしてこれに帰せられる収益・費用が受益者等に帰属するものとして所得税が課せられます（受益者等が自然人の場合）。

信託終了時は、終了時の受益者等と残余財産帰属者（あるいは残余財産受益者）が同様であれば課税は生じず、異なる場合には受益者の変更があった場合と同様の課税がなされることになり、終了時特有の課税関係は生じません。

 課税に関する特例

信託法91条の後継ぎ遺贈型受益者連続信託、信託法89条1項の受益者指定権等のある信託等、信託契約等に基づき（受益権譲渡等をせずとも）受益権が移転する（受益権の消滅と新たな者の受益権の取得がなされる）信託やこれらに類するものについては、それぞれの受益者の受益権取得時に、相続税または贈与税が課税されることになります。

受益権が複層化されており、元本受益権と収益受益権が分かれている場合には、収益受益権者が利益を受ける期間に関しては、収益受益権者が信託財産そのものを有する（取得する）ものとして課税され、元本受益権者は価額ゼロのものを有する（取得する）ものとされます。この場合、元本受益権者には、信託終了時に、その価額に応じた相続税または贈与税が課税されることになります。

その他、実際の設定件数が少ないことから詳細は割愛しますが、自己信託・目的信託の場合には別途特別な課税関係が生じるので、注意が必要です。

5 元本受益権と収益受益権の分割承継

信託受益権について、元本の受益者と収益の受益者とが異なる場合には、元本受益権と収益受益権の評価の仕方に関し、特別の定めが置かれています（相続税財産評価に関する基本通達202(3)）。すなわち、元本受益権については、課税時期の信託財産の価額から、収益受益権の価額を控除した価額を（同イ）、収益受益権については、課税時期の現況において推算した受益者が将来受けるべき利益の価額ごとに、課税時期からそれぞれの受益の時期までの期間に応ずる基準年利率による複利現価率を乗じて計算した金額の合計額を、それぞれ評価額とすることになります。

また、相続または遺贈により財産を取得した者が、被相続人の一親等の血族（代襲相続人である直系卑属を含む）か配偶者以外の者である場合は、相続税額がこれらの者である場合の2割増しとなります（相続税法18条1項）。

この点、たとえば配偶者との間に子がおらず前の配偶者との間に子がいる場合、自身の不動産を配偶者に承継した後に前の配偶者との間の子に承継させると、配偶者から前の配偶者との間の子への承継の際に、相続税額が2割増しとなります。これに対して、信託を設定して、元本受益権について前の配偶者との間の子に承継させるものとしつつ、収益受益権につい

て配偶者に承継させる（配偶者が不動産に居住できるようにする）こととすれば、上記の方法で元本受益権と収益受益権について評価がなされたうえで相続税の算出がされるとともに、いずれについても2割増しとせずに承継させることが可能となります。

第5節 民事信託における留意点

Q 69 民事信託と利益相反について教えてください。

■■ 解 説 ■■

1 総論

利益相反については、法律上規制される利益相反と、それ以外の事実上の利益相反があります。

法律上規制される利益相反については、まず、民法108条で、同一の法律行為については、相手方の代理人となり、または当事者双方の代理人となることは（債務の履行および本人があらかじめ許諾した行為を除き）できないとする規制があります。

また、信託法上規制される利益相反もあり、これはＱ19・2で触れたとおりです。

これらについては要件や例外が明確に定められていますが、民事信託では、それ以外の事実上の利益相反についても注意する必要があります。事実上利益相反する行為については、これをすることが直ちに信託法等の法律に違反するものではありませんが、その態様により、善管注意義務や忠実義務・誠実公平義務違反となる可能性があるため、十分に注意する必要があります。

受託者が承継受益者を兼ねる信託

　家族信託においては、委託者の資産の承継を目的とすることも多く、主に委託者の資産を承継したい相手に信託をすることが数多く想定されます。そうすると、信託譲渡を受ける受託者が、最終的な資産の承継者である残余財産受益者・帰属権利者となることも多く見受けられます。また、委託者兼受益者の死亡後も継続する信託では、委託者兼受益者の死亡と同時に受託者が交代し、前任の受託者が受益者（承継受益者）になるということもあります。たとえば、父親が委託者兼受益者、長女が受託者となる場合に、長女が残余財産受益者・帰属権利者となること、父親が委託者兼受益者、長男が受託者となる場合に、父親の死亡後に長男が受益者となり、次男が後継受託者となること等が考えられます。

　このように、受託者が残余財産受益者・帰属権利者、承継受益者となることについては、円滑な資産承継という信託の目的に鑑みれば特段問題はなく、むしろ委託者の意思に合致するともいえます。

　一方で、受託者がこれらの者となる場合、その立場になるまでの間はできる限り信託財産を減少させないようにすることが、自身がその立場となった際に多くの利益を得ることができるため、そういった意味で双方の当事者を兼ねることは長期的に利益が相反するものとなり、望ましい関係とはいえません。

　このように当事者を兼ねることについて信託法は制限を置いていませんので、これにより信託法に違反するものではありません。しかしながら、受託者は善管注意義務（法29条2項）、忠実義務（法30条）を負っており、個別の行為によりこれらの義務に違反することがあればそれに応じたペナルティを負います。よって、受託者としては、仮にこのように当事者を兼ねるものであったとしても、義務やペナルティがあることを承知したうえで、義務違反が疑われることがないように慎重に対応をとることが求められます。

3　後継当事者の選任の場面

　家族信託においては、その関係当事者が多い反面、その当事者になりうる（実際の候補となる）人が多くないこともあるため、信託法で制限されるものではないものの、事実上利益が相反する状況が生じることがあります。

　たとえば、父親が委託者兼受益者、長男が受託者、長男の妻が後継受託者、長女が受益者代理人になる場合、本来であれば受益者代理人についても、後継者を定めるのが望ましいものです。一方で、これらの者以外に後継の受益者代理人になりうる人がいない場合には、後継の受益者代理人を信託契約等で定めることが難しくなります。

　信託契約等で定めがない場合、後継の受益者代理人については、委託者および受益者の合意や裁判所への申立により選任できるのですが（法142条1項・62条1項・4項）、その頃には委託者兼受益者の意思判断能力が低下しており、その選任が難しいことも考えられます。そうすると、後継の受益者代理人が選任されない懸念を避けるために、前任の受益者代理人に後継の受益者代理人を選任する権限を付与することが考えられます。

　しかし、前任の受益者代理人が選任するとすることは、任務終了事由が死亡や後見開始であれば選任ができませんし、辞任や解任の場合にも、その理由によっては適切な受益者代理人の選任がされないのではないかという懸念があります。

　以上のような懸念があるため、前任の受益者代理人に後継の受益者代理人を選任する権限を付与することは、事実上利益が相反しうるもので望ましいものではありませんが（この点については信託監督人の場合にも同様のことがいえます）、これは信託法の制限に違反するものではありません。そうすると、冒頭で触れた、家族信託の当事者になりうる人が多くないようなケースでは、かかる規定を設けることもいたし方ないものと考えられます。

義務違反の効果

　上記のとおり、受益者代理人・信託監督人による後継当事者の選任については、長期的に、あるいは事実上利益が相反することがあり得ますが、いずれも信託法に直接違反するものではありません。

　一方で、前記2でも触れたとおり、個別の行為によっては、受益者代理人・信託監督人としての善管注意義務・誠実公平義務（法133条・140条）に違反することもあり得ます。

　受益者代理人・信託監督人が善管注意義務・誠実公平義務に違反した場合について、信託法では特段の定めがありませんので、民法により、債務不履行に基づく損害賠償責任を負うことになります（民法415条）。

　なお、受託者が後継の受益者代理人や信託監督人を選任できるとする規定を置く例も見られますが、受託者を監督する者を受託者が選任するという規定はおよそ適当とはいいかねます（同じく、委託者死亡時に委託者の地位を受託者が承継するとする例も適当とはいいかねます）。このような規定については、信託の制度趣旨に反するものとされる（無効となる）ことが考えられ、仮に無効とならない場合であっても、その選任過程に問題があれば受託者は任務懈怠責任を負うことになります。

Q 70　民事信託と遺留分侵害について教えてください。

■■ 解　説 ■■

 遺留分の侵害

　遺留分権利者等は、遺留分を保全するのに必要な限度で、遺贈や、相続開始前1年以内、あるいは遺留分権利者に損害を加えることを知って行った贈与の減殺を請求することができます（民法1030条・1031条）。
　遺留分割合については、父母等の直系尊属のみが相続人である場合には被相続人の財産の3分の1、それ以外の場合には被相続人の財産の2分の1に、各相続人の相続分を乗じた割合となります。
　この遺留分減殺請求権については、信託による財産の承継についても対象となります。たとえば、不動産5000万円、預金5000万円を持つ委託者（兼受益者、配偶者なし）が、不動産と預金4000万円（計9000万円分）を信託して、委託者の死亡による信託の終了とともに信託財産を受託者である長女（相続分2分の1）に帰属させることとした場合、他の子である長男（相続分2分の1）は、被相続人の財産の4分の1相当額までの範囲について遺留分侵害があるものとして、被相続人の財産1億円の4分の1である2500万円から信託の対象外となった預金1000万円を除いた1500万円分について、その減殺を請求することができます。

 遺留分減殺請求の効果

　信託における遺留分減殺については2つの考え方があり、信託により受益者に対し受益権という信託財産の実質的利益を授与することが遺留分侵

害行為であるという考え方と、被相続人から受託者に信託財産の所有権が形式的に移転したことが遺留分侵害行為であるという考え方があります（判例や定まった学説は現状ありません）。

この点、前者であれば受益権授与行為を対象に減殺請求がなされるため、受益権の一部が受益者と遺留分権利者に帰属して準共有となります。後者であれば信託設定行為自体が無効になるため、信託設定行為の全部が無効になると考えるのであれば信託財産であった財産は相続人間の共有に、遺留分を侵害する部分のみが無効になると考えるのであれば受託者と遺留分権利者の共有に、それぞれなるものと考えられます。

信託当事者としては、どちらの考え方であっても遺留分減殺請求がなされること自体（受益者として想定していない者が受益者となる、あるいは信託自体が終了すること自体）を避ける必要があります。財産の内容によりますが、時価変動が生じることを考慮したうえで、ある程度遺留分に関して余裕をもった形での財産承継をすることが肝要です。

信託を活用する場合には、信託財産以外の財産を一定程度残しておく、このような財産について遺言で遺留分権利者となりうる者に承継することとしておく、事前に特別受益となる形で贈与等を行っておく等の方法をとることで、遺留分減殺請求がなされないようにしておくことが望まれます。

なお、検討が進められている相続法の改正が実現すれば、遺留分減殺請求について、「遺留分権利者及びその承継人は，受遺者（略）または受贈者に対し，遺留分侵害額に相当する金銭の支払を請求することができる」として、金銭での支払が原則となるため、以上の考え方の対立に関する議論には終止符が打たれ、金銭での解決となるものと思われます。

問題となりうる事例

遺留分減殺に関しては、これ以外にも通常の相続とは異なる問題が生じることが考えられます。

1つは、元本受益権、収益受益権を分けたうえで、帰属権利者についても設定する例です。この場合、受益権についてどのように評価されるかによるように思われます。この点については、後継ぎ遺贈型の受益者連続信託、遺言代用信託、帰属権利者の設定等により受益権や信託財産を取得した場合についても当てはまります。特に、一定の者の死亡を原因として受益権の消滅、取得を規定する後継ぎ遺贈型受益者連続信託の場合には、受益権の取得時期を確定できないため、問題が複雑になるものと考えられます。

また、後継ぎ遺贈型受益者連続信託、遺言代用信託、帰属権利者の設定等により、当初委託者以外の受益者の後に受益権を取得した（帰属権利者となった）者について、当初委託者以外の受益者の相続との関係で遺留分減殺の対象となるかという点も検討対象となりえます。この点については、特に相続税・贈与税との関係（Q 68）で前受益者から財産を承継したものとして取り扱われることもあり検討対象となるものです。ただ、相続法との関係では、私見としては、基本的には当初委託者が設定した信託の契約等に基づき承継しているということであれば、当初受益者の相続との関係で遺留分減殺の対象か否かを判断すればよく、その後の受益者の相続との関係で遺留分減殺の対象とする必要はないように思われます。

第5節　民事信託における留意点

Q 71　民事信託と業法について教えてください。

■■ 解　説 ■■

　いわゆる業法とは、業者を規制するための法律で、一定の行為を反復継続して行う（反復継続を意図して行う）場合に、免許や登録、許可を要するような業者について一定の義務が課されたりするものです。反復継続して行うとは、複数回行うことが直ちに反復継続に該当するものではないものの、逆に1回しか行っていなくても反復継続する意思があったものと認められれば、反復継続して行ったと認められうるので、注意が必要です。

　そうすると、家族信託では、一見、業法とは関係がないように見えますが、上記のとおり、一定の行為を反復継続していれば、誰でも業法の規制が及ぶものですので、家族信託の受託者として一定の行為を反復継続したことにより、思わぬところで業法に違反することになりかねません。

　この点、1つには、ある者が信託の引受けを営業として行う（反復継続して行う）場合には信託業法が適用され、内閣総理大臣の免許が必要となります（法3条）。家族信託であっても、反復継続して行ったと認められれば、信託の引受けを営業として行っているものとされる可能性があります。

　また、信託の引受け自体は問題がなくても、受託者として不動産の売買を反復継続して行う場合には宅地建物取引業法に基づく免許（同条1項）を受けなければならず、財産の運用に関して投資一任契約等の投資運用業であるとされれば金融商品取引法に基づく登録（法29条）が必要となります。

　受託者としては、すべての業法について注意するのは難しいものの、信託契約等に基づいて反復継続して行おうとしている行為がある場合には、当該行為を行う業者を規制する法律がないか注意すべきでしょう。

Q 72　受託者による信託の利益の享受の問題点について教えてください。

■■ 解　説 ■■

　旧信託法においては、受託者が共同受益者の1人である場合を除いて、何人の名義によっても信託の利益を享受することができないことが規定されていましたが（旧信託法9条）、通説では、これを受託者が受益権の全部を取得し、受託者が受益者を兼ねることを禁止する規定であると解されていました。

　この規定については、資産流動化の実務の観点から、受託者が、当初受益者である委託者から全部の受益権を買い取ったうえで、投資家に対してその受益権を販売するニーズがあることから見直しが求められていました。

　そこで、信託法では、「受託者は、受益者として信託の利益を享受する場合を除き、何人の名義をもってするかを問わず、信託の利益を享受することができない」ものとし（法8条）、受託者が、受益権の全部を保有することになっても直ちには信託が終了しないことになっています。ただし、「受託者が受益権の全部を固有財産で有する状態が1年間継続したとき」には、信託は終了することになっています（法163条2号）。

　したがって、信託法のもとでは、自己信託により信託を設定し、そのまま受益権を1年間は保有すること、いい換えると、1年間は、委託者兼受託者兼受益者となることができることになりますが、信託は、「専らその者の利益を図る目的を除く」（法2条）ことを前提としていますので、自らの利益だけのために設定することはできないと考えられます。よって、仮に受託者が受益権の全部を有しないとしても、たとえば、受託者が受益権の99％を取得するような信託については、（どこで限界線を引くのかという判断は難しいものの）専ら受託者の利益を図るものであるとして、信

託と認められない懸念があります。受託者が受益権のほとんど全部を有するわけではないとしても、残る受益権について、受託者がすべて、あるいはほとんどの持分を有し、代表を務めるような資産管理会社・一般社団法人が有するような信託についても、同様の懸念があるといえるでしょう。

　一方、たとえば、資産の流動化のために、あらかじめ流動化の目的とする財産を購入し、その財産を受益権に転換して販売することを意図しているような場合や、運用の準備段階でシードマネー（種銭）を入れて信託設定し、事後的に他の者による受益権の取得を想定するような信託については、（受託者が受益権の全部を保有する期間が１年以内であれば）有効であると考えられます。

　なお、信託法４条３項２号において、公正証書等以外の書面または電磁的記録によって設定される自己信託については、受益者となるべき者として指定された第三者に対する確定日付のある証書による通知を効力要件としていることから、委託者兼受託者が自らを受益者とすることは認められないと解されています。

Q 73　民事信託に関するその他の問題点について教えてください。

■■ 解　説 ■■

　信託終了の認識がない場合の問題

民事信託においては、一定の信託終了事由を定めているのが通常ですが、その信託終了事由に関する解釈の誤りや、終了事由の認識漏れがあることが考えられます。この場合、その後受託者が行った信託事務の有効性について問題が生じ得ます。

すなわち、信託が終了した場合、信託の清算がなされ、清算受託者は、債務の弁済や残余財産の給付等の信託の清算のために必要な一切の行為をする権限を有することになります（法178条1項・177条）。逆をいえば、清算受託者には信託終了前の信託目的の達成のために必要な行為をする権限はなく、その後清算受託者が行った信託目的の達成のための行為については、受益者による受託者の権限違反行為の取消しの対象となります（法27条。Q 17・2）。取消しができなかった行為に関して損害が生じた場合、当該損害については、受託者の善管注意義務違反等による損失てん補（法40条。Q 24）の対象となることが考えられます。

　「信託行為に別段の定めがある場合」の例外を認めない規定に関する例外規定

信託法では、個別の条項で、「信託行為に別段の定めがある場合」に例外を認める旨の規定が置かれています。このような規定に関しては、信託契約等で条項を定めることにより、信託法の規律とは異なる規定を定めることを認めています。

裏を返せば、「信託行為に別段の定めがある場合」に例外を認める旨の規定がない場合、当該条項については強行規定であり、たとえ信託契約等で信託法と異なる規定を置いていたとしても、当該条項は効力を有しないものと考えられます。

　たとえば、信託法184条1項では、清算受託者の職務の終了等に関し、「清算受託者は、その職務を終了したときは、遅滞なく、信託事務に関する最終の計算を行い、信託が終了した時における受益者（略）及び帰属権利者（略）のすべてに対し、その承認を求めなければならない。」としています。この条項については、「信託行為に別段の定めがある場合はこの限りでない」という条項がありませんので、たとえ信託契約等で、受益者等の承認を省略することができる旨の規定を置いていたとしても、承認を省略することはできませんので（Q43・3）、注意が必要です。承認を省略できないにもかかわらず清算受託者が承認を得ないと、承認の効果である「受益者等が前項の計算を承認した場合には、当該受益者等に対する清算受託者の責任は、免除されたものとみなす」とする規定（法184条2項本文）の効果が生じないのみならず、清算受託者の善管注意義務違反等が生じる懸念があるため、このようなことがないように十分な注意が必要でしょう（民事信託のアドバイザーにおいてこのような条項を設けるようなアドバイスをすると、アドバイザーとしての委任契約に基づく善管注意義務違反が生じうるため、この点についても十分注意が必要です）。

委託者の成年後見人等による信託契約の解約の可否

　委託者について成年後見人等が選任された場合、かかる成年後見人は、「被後見人の財産を管理し、かつ、その財産に関する法律行為について被後見人を代表する」ことになります（民法859条1項）。

　ここで、民事信託にかかわらず、信託契約については「委託者及び受益者は、いつでも、その合意により、」「信託を終了することができ」（法164条1項）、また「受託者を解任することができる」ため（法58条1

項)、別段の合意がない限り、委託者兼受益者による信託の終了、受託者の解任が可能です。よって、信託の終了等が財産管理に関するものである限り、成年後見人による権利行使も可能と考えることができます。一方で、信託設定の目的について財産承継を含むものであり、単に委託者兼受益者の財産管理に留まらない場合には、必ずしも成年後見人による終了等が可能ということはできないでしょう。

　成年後見人による終了の可否については最終的には個別の信託毎に判断されることになりますが、信託目的や承継受益者の有無により判断されるものと考えられます（承継受益者の定めがない信託であれば、終了が認められやすいように思われます）。

　同じく委託者兼受益者の財産権の行使を代理しうる者として、差押債権者がいます。差押債権者については、委託者兼受益者が債務者である場合について、委託者兼受益者の財産について競売を行ったり、行使しうる債権について取り立てたりすることが可能です。よって、受益権について競売を行う、あるいは受益債権について取り立てることは民事執行法所定の手続を行うことにより可能であると考えられます。

　一方で、信託の終了等については、差押債権者は債務者の財産について包括的な代理権を有するものではないため、認められないものと考えられます。

第3章

民事信託と金融機関の実務対応

第1節 総論

Q 74 民事信託と金融機関の関わりについて教えてください。

■■ 解 説 ■■

　民事信託の受託者が信託財産を管理・運用するにあたり、信託財産である金銭を管理するためには金融機関の預金等によることが考えられます。また、信託財産の運用にあたり借入れをする場合には、信託財産責任負担債務としての借入れをすることが考えられます。

　それ以外にも、信託財産の運用のプロセスで投資信託等の各種金融商品を購入することが考えられ、これらを考えると、金融機関と個人との間の取引であれば、おおよその取引について、受託者として取引を行うことがあり得ます。

　ここで、金融機関としては、これらの取引について、受託者であることを明示して行うのか、単に受託者の名称だけで取引を行うのかという問題があります。金融機関自身にとっては、受託者であることを明示することは、名寄せや個人信用情報の登録等についてどのようにするかという問題が生じますし、信託契約の内容の確認の煩雑さやこれにより金融機関がリスクを負う場面の把握の困難さを考えると、手間がかかるため面倒は避けたいと考えるかもしれません（たとえば、信託契約を確認せずに受託者の任務終了事由を見過ごしたことに過失があると判断されれば、前受託者への払戻しが無効となることも考えられます）。

　一方で、借入れに関しては信託財産責任負担債務であることを明示しな

第1節　総　論

ければ（担保権の設定という一定の範囲での代替手段はあるものの）信託財産に対する強制執行をすることはできませんし、受託者からの要請（分別管理や信託財産への強制執行の回避の観点からの要請）もあります。金融機関としては、取引の機会であるととらえつつ、顧客からの要請とコスト等を踏まえ、受託者であることを明示して取引を行うか否かについて判断することになります。

　なお、受託者を一般社団法人等の法人とする場合、個人を顧客とする場合にしか行っていない一部の取引については、各金融機関内のルールやシステム上の制約等により、民事信託とすることで取引することができなくなることもありうるため、注意が必要です。

第2節 預金口座開設

Q 75 受託者名義の口座開設をする理由について教えてください。

■■ 解 説 ■■

1 受託者名義の預金口座開設の意義

預金については上記のとおり受託者としての金銭管理の際に受託者名義の口座開設のニーズがあり得ます。

一方で、分別管理義務との関係では金銭や預金の分別管理は計算を明らかにする方法で足り（法34条1項2号）、倒産隔離との関係でも必ずしも名義を分けなければならないわけではないことから、受託者名義によらない運用も考えられます。

2 受託者名義の預金口座への差押えがあった場合

以上のとおり分別管理義務との関係では、必ずしも受託者名義とする必要にないものです。しかしながら、実際に受託者の（信託財産責任負担債務以外の債務に係る）債権者から差押えを受けた際に、受託者が「これは信託財産である」と申し出た場合の対応は異なるものとなることが想定されます。

すなわち、受託者名義の口座としていれば、その口座を開設している金

融機関としては、固有財産で責任を負担する債務に係るものであれば信託財産への強制執行ができないことが明らかになるため、金融機関に対する受託者の申し出に基づき、金融機関は陳述催告（民事執行法147条1項）に対して、「残高あり、弁済の意思なし」として回答することが考えられます。差押えに係る債権が信託債権である場合には「弁済の意思あり」として回答して弁済する必要があります。実務的には、差押通知書においては差押えに係る債権が信託債権であるか否かについて明らかではないため、金融機関としては、信託債権ではないことを想定して弁済の意思なしとしつつも、信託債権であれば弁済する意思がある旨について備考として記載する等したほうが、対応を誤ることがないためよいものと思われます。

　上記のように受託者名義の口座としていれば信託債権以外の債権者の差押えに対する弁済を行わないことになるのに対して、受託者名義の口座としていない場合、金融機関には基本的にはその預金が信託財産であるということはわからないため、受託者名義の口座の場合のような回答をすることができません。

　この場合、金融機関は、固有財産で責任を負担する債務に係るものであっても弁済の意思もあるものと回答することになり、1週間を経過すれば取立権（同法155条1項本文）の行使に応じることになるため、受託者がこれを防ぐためには、執行異議（同法11条1項）の手続をとることが必要になります。このような対応には、かなりの手間や費用がかかることになることが想定されますし、かかった費用について信託財産の負担としてよいのかといった問題が生じます。

　このように、具体的な場面を想定すると、民事信託の受託者が信託財産である金銭を預金とする場合には、受託者名義の口座とすることが望ましいことがよくわかります。

Q 76 金融機関から見た口座開設時の注意点について教えてください。

■■ 解 説 ■■

1 民事信託の有効性

　受託者名義の口座開設の際、金融機関としては、いくつかの観点から民事信託についてチェックする必要があります。

　まず1つめとしては、民事信託が無効となる可能性はないかということです。無効となる理由としては、民事信託に係る契約の際に委託者が契約締結の意思能力を喪失していることや、訴訟信託（法10条）、詐害信託（法11条）に該当すること等が考えられます。民事信託が無効である場合、金融機関としては、トラブルに巻き込まれるだけでなく、受託者死亡時に新受託者と取引をすればよいのか、受託者の固有財産として受託者の相続人の依頼に基づき手続をすればよいのか（この場合、委託者やその相続人は受託者の相続人に対する支払請求権を有することになります）という信託固有の問題も生じることになります。

　訴訟信託や詐害信託のようなケースは稀ですし、特にこれが疑われる事情を聞いていない限り回避することは難しいのでやむを得ないともいえますが、委託者の意思能力については注意すべきでしょう。

　特に民事信託においては委託者が高齢の場合も多いので、たとえば、信託契約の締結等を公正証書で行うことを求める（この場合、公証人が意思能力の有無について確認することになります）等、委託者が信託契約締結等の際に意思能力を有することを確認のうえで取引することが必要です。

2 遺留分減殺請求の懸念の有無

また、民事信託を利用した委託者の財産の承継による遺留分侵害がないかも注意が必要です。

すなわち、信託による遺留分の侵害に関して、これが遺留分減殺請求の対象となることについてはほぼ争いがないことから、これによる遺留分侵害については注意をする必要があります。

信託による遺留分侵害の捉え方については、大きく分けて2つあります。1つは、信託により受益者に対し受益権という信託財産の実質的利益を授与することが遺留分侵害行為であるという考え方で、これを受益権授与行為説といいます。

もう1つは、被相続人から受託者に信託財産の所有権が形式的に移転したことが遺留分侵害行為であるとする考え方で、これを信託設定行為説といいます（なお、信託設定行為説については、遺留分減殺請求の効果として信託設定の一部が無効となるのか、全部が無効となるのかといった複数の考え方があります）。

これらについては判例を含め確定的な考え方が定まっているものではありませんが、考え方により以下のような相違があります。

【図表】遺留分減殺に関する2つの考え方

	受益権授与行為説	信託設定行為説
遺留分算定の基礎となる財産	受益権の価額	信託財産の価額
遺留分減殺の対象	受益権の授与行為	信託設定行為あるいはそれに基づく財産の処分行為
遺留分減殺請求の相手方	受益者	受託者あるいは受託者と受益者
遺留分減殺請求の効果	受益権が準共有となる	信託財産である財産が共有ないし準共有となる

これらのいずれの考え方が最終的にとられるかは定かでないものの、信託設定行為説による場合、遺留分減殺請求の効果として、信託財産である

預金債権が準共有となる可能性があります。現在の実務として連名預金を認めることはほとんどない状態において準共有となり連名預金に類似する状況が生じると、受託者名義の口座の開設を受けた金融機関はその対応に窮することが考えられます。また、遺留分権利者の法令に基づく本人確認等の問題も生じますので、金融機関としては、遺留分侵害がないこと（もし遺留分侵害がある場合には、遺留分減殺請求の懸念がないこと）の確認が大切となるものです。

新受託者の定めの有無・受託者の任務終了事由

　個人（自然人）が受託者である場合には、新受託者の定めがないと万が一受託者が死亡した場合に（特にその際に委託者兼受益者が意思能力を喪失しているときに）新受託者の選任が滞り、場合によっては受託者が1年不在で信託が終了することにもなりかねないので（法163条3号）、注意が必要です。

　このような状態において、前受託者の相続人等は、新受託者等または信託財産法人管理人が信託事務の処理をすることができるに至るまで、信託財産に属する財産の保管をし、かつ、信託事務の引継ぎに必要な行為をしなければなりません（法60条2項）。しかし、相続人間で争いがある場合等、清算手続も清算受託者の選任手続も進まないことも考えられ、問題が長引く懸念もありますので、個人が受託者の場合には新受託者の定めをおくことは必須といってもよいでしょう。

　また、受託者の任務終了事由については、その定めの内容について、解釈が不明瞭となっていないかを確認することが大切です。受託者の任務終了事由が生じて受託者が交代した場合、金融機関は、後任の受託者と取引を行うことになりますが、その任務終了事由について解釈が不明瞭となる点があると、前受託者と後任の受託者との間で争いが生じることがあり、金融機関としてはどちらの請求に応じればよいかがわからなくなってしまいます。

たとえば、信託契約等で、「受託者による任務の遂行が困難となった場合」を受託者の任務終了事由としている場合、何をもって任務の遂行が困難であるかが不明瞭であるため、前受託者が「まだ任務遂行できる」と主張し、後任の受託者が「前受託者は任務遂行が困難である」と主張している場合に、金融機関は、どちらを相手として取引を行うべきかの判断に窮することになります。

　このような懸念を回避すべく、たとえば、「受託者による任務の遂行や財産管理が困難であるものと医師に診断された場合」を任務終了事由としたうえで、後任の受託者からは、医師の診断書の提出を受けることを名義変更の条件とすることが考えられます。

　それ以外の事由についても、取引を行う金融機関としては、受託者の任務終了に関する当事者の意思は尊重しつつも、何らかの客観的な証拠により終了事由の有無が確認できるようにすることが大切であると考えられます。

 当事者間でトラブルとなるおそれの有無

　その他、信託契約等の各条項に関しても、事後的にトラブルに巻き込まれないようにするために、関係者間、親族間で問題は起きなさそうか、信託契約等に基づく信託事務の遂行に関して問題はなさそうかといった観点から確認するのが望ましいでしょう。たとえば、後継ぎ遺贈型受益者連続信託において委託者の地位の承継や受益者・帰属権利者の定め方に関する漏れ・問題がないか、信託終了事由に関しての定め方が不明確であり当事者間で争いが生じる懸念がないか等です。

　これらについては、必ずしも金融機関が取引をする際に直接対応に問題が生じるものではありませんが、民事信託の当事者間において生じた問題に関して、金融機関が巻き込まれる可能性が皆無とは限らないため、可能な範囲で問題の有無を確認することが望ましいものです。

Q 77 口座開設後の預金取引に係る注意点について教えてください。

■■ 解 説 ■■

　預金取引について、金融機関としては、口座開設後は、信託終了等を理由とする口座解約に至るまで、基本的にはすべて受託者のみを窓口として対応することになります。

　具体的には、預金の預入れや払戻しはもちろん、残高照会や移動明細の発行の依頼についても、あくまで受託者の依頼に基づき対応することになります。

　これは、受託者名義の預金口座について、その出捐者は（金銭の信託譲渡を受けた）受託者であって委託者でないこと、受益者が信託財産に関する状況の報告を求めることができるのは受託者に対してであって金融機関に対してではないことによるものです。もちろん例外を認めることもありうるかもしれませんが、金融機関は必ずしも受益者が誰であるかを把握しているわけではないこと等から、無用なトラブルを避けるために、窓口は受託者のみとするほうがよいものと考えられます。

　また、受託者の死亡等による任務終了時には名義変更の必要がありますので、信託契約等や信託法に定める任務終了事由に該当するかを確認する必要があります（この点についてはQ 76・3を参照ください）。

　信託終了時には、念のため、信託契約等や信託法に定める信託の終了事由に該当するかを確認することも考えられますが、受託者による解約であれば信託が終了していなくても有効な解約となるのが原則であるため、必ずしも確認することが必須ではないものと考えられます（トラブルに巻き込まれるおそれを回避する観点からは確認が望ましいと考えられます）。

第2節　預金口座開設

Q 78 預金に関するオプションサービスとの関係での留意点について教えてください。

■■ 解　説 ■■

　預金口座開設に付帯するサービス、たとえば、キャッシュカードの発行やインターネットバンキングの申込を受けるかどうかについても、個別の検討が必要です。

　キャッシュカードの発行の場合、払戻し等の手続で窓口での対応をとる必要がなくなるため、受託者としては便利な反面、一日当たりの払戻限度額の設定によっては、際限なく払戻しがされてしまう可能性があります。金融機関としてこれによる影響を直接受けるものではありませんし、当事者として了承していれば何ら問題はないものですが、このようなことが起こりうることについては配慮が必要でしょう（信託契約の内容によるものの、一般論としては、成年後見制度での運用と平仄をとることでよいのではないかと思われます）。

　インターネットバンキングの場合、普通預金、定期預金取引のみならず、外貨預金や投資信託の購入等ができることもあり、これらを行うことを想定していない信託の場合や、金融機関として想定していない場合であって、システム上これらの取引を制限できないときに問題が生じます。これらの取引を行わないことを誓約してもらうことも考えられますが、権限違反の取引が行われてしまった場合に受益者から取消しを求められる（法27条1項）ことを考えると、基本的には消極的な対応をとるのが穏当であると思われます。

Q 79 預金債権自体を信託財産とすることはできるのですか。

■■ 解 説 ■■

　稀にですが、預金債権自体を信託財産とするという記載がされている信託契約があります。たとえば、信託契約の信託財産目録等で「〇〇銀行にある以下の預金債権」といった記載がされているものです。

　取引自体の留意点ではありませんが、信託契約等で預金債権自体を信託財産として指定すると、預金債権を信託譲渡することを意味するものとなり、預金債権の譲渡に関しては譲渡禁止特約が付されていることから（2020年4月に予定されている改正民法の施行後においても同様。改正民法466条の5第1項）、信託設定による財産権の移転ができなくなってしまいますので、注意が必要です。特に、当該預金口座内にある金銭が信託財産のほとんどであるような信託の場合、預金債権の信託譲渡が無効であることに伴い、信託設定自体も無効となるという事態が生じることがあり得ますので、口座開設を受け付ける金融機関としても注意が必要です。

　なお、仮に金融機関において譲渡を認めるとしても、考え方としては受託者名義の口座の新規開設ではなく、名義変更が必要となり、イレギュラーな対応が必要となります。

　他行の預金について信託財産としたい場合には、当該預金を解約したことにより受け取る金銭を信託財産とすることとし、信託設定時の手続についての規定で当該預金を解約し、受託者名義の口座に入金する旨の定めをしておけばよいこととなります。

第3節
金融商品の勧誘・販売

Q 80 受託者による金融商品の購入について教えてください。

■■ 解 説 ■■

  受託者による金融商品の購入の可否

　投資信託等の各種金融商品の取扱いについては、もともと委託者が持っていた金融商品を信託財産としたい場合もあれば、委託者の投資に関する能力の減退に伴い、受託者に投資を任せて新たに金融商品を購入したい場合も考えられます。

　民事信託においては、信託の目的や受託者の権限に照らし認められる範囲であれば、受託者による信託財産の運用として、金融商品による運用を行うことも可能であると考えられます。

  金融機関の対応と留意点

　この際、もともと委託者が持っていた金融商品を信託財産としたい場合であれば名義変更の扱いになることが考えられるため、各金融機関のルール上やシステム上の制約について確認することになります。

　信託譲渡がなされるとしても受益者課税が原則となるため、取得元本についての変更は不要であり、制約について問題がなければ名義のみが変更

されることになります。

　受託者に投資を任せて新たに金融商品を購入したい場合、形式的には上記のとおり民事信託の目的や受託者の権限との関係で問題ないのかを信託契約等を確認することで足るものです。一方で、信託目的や信託財産の内容、信託財産の交付の条項等から、どこまで積極的な投資を行うことが想定され、どの程度のリスクがある金融商品の購入が認められるのか、たとえば、株式や債券、国内や国外の別、あるいは不動産投資信託等への投資等のどこまでが認められるのかを判断することが難しいことも考えられます。

　よって、事後的に問題が生じないようにするためには、少なくとも信託設定時や最初の金融商品の購入時における委託者の意思についても確認することが望ましいものとなります。

Q 81 受託者が金融商品を購入する場合の適合性原則等について教えてください。

■■ 解 説 ■■

　金融商品の販売に関しては一般に適合性の原則（金融商品取引法40条）が適用され、説明義務の履行（金融商品の販売等に関する法律3条、金融商品取引業等府令117条1項1号）が必要になります。すなわち、適合性原則に関して、金融機関は、金融商品取引行為について、顧客の知識、経験、財産の状況および金融商品取引契約を締結する目的に照らして不適当と認められる勧誘を行い、投資者の保護に欠けることがないようにしなければなりません。

　説明義務に関しては、金融商品の販売が行われるまでの間に、元本欠損が生ずるおそれがある旨等について、顧客の知識、経験、財産の状況および当該金融商品の販売に係る契約を締結する目的に照らして、当該顧客に理解されるために必要な方法および程度の説明をする必要があります。

　この点、いずれの適用にあたっても、顧客の知識、経験、財産の状況および契約締結の目的に照らすことが必要とされていますが、委託者と受託者、あるいは受益者のいずれを基準とするかについて、法律には特段の定めがないことから問題となります。

　適合性原則、説明義務の趣旨からは、基本的には取引の相手方である受託者を基準とすべきものと考えられますが、契約締結の目的（投資意向）に関しては受託者のみならず委託者や受益者による部分もあり、また、財産の状況については信託財産を基本として考えつつも、受益者の財産についても考慮に入れることが考えられます（保守的に考えるのであれば信託財産のみを基準とすることになるでしょう）。説明義務の履行の相手方は受託者で特段問題ないものと考えられます。

　金融機関ごとの判断による部分もありますので、受託者への投資信託等

の販売にあたっては、適合性の原則、説明義務の適用について、委託者、受託者と受益者、固有財産と信託財産のいずれを基準とすべきかについて意識したうえで実施することが肝要でしょう。

第３節　金融商品の勧誘・販売

Q 82 受託者が死亡した場合の金融商品の取扱いはどのようにすべきですか。

■■ 解　説 ■■

　受託者が死亡した場合については受託者の任務終了事由に該当しますので（法56条１項１号）、受託者が保有している金融商品についても後任の受託者が承継することになります。

　ここで、後任の受託者に対して金融商品に関する説明を行い、あるいは適合性に関する判断をする必要があるかどうかについては、特段法律に定めがないことから問題となります。

　この点、有価証券の保有者が死亡して相続人がこれを承継して保有し続ける場合の規律が参考になります。このような場合には、法定の契約締結前交付書面（金融商品取引法37条の３）の交付までは必要なく、ただ、有価証券取引を相続することにより相続人がかえってリスクを負うこととなる場合等もあることから、一般的な誠実公正原則（同法36条１項）の一環として、相続人に対してその取引に関する説明を適切に行うことが必要となると考えられています（金融商品取引法の疑問に答えます（https://www.fsa.go.jp/common/paper/19/zentai/02.pdf）４頁、質問⑧参照）。

　これを踏まえると、受託者の死亡による任務終了の後に後任の受託者が金融商品を承継した場合についても同様のことがいえるものと考えられます。よって、金融機関としては、法定の契約締結前交付書面の交付までは必要ないものの、後任の受託者による適切な投資判断に資するようにすべく、一般的な誠実公正原則の一環として、取引に関する説明を適宜行うことになるものと考えられます。

　なお、取引に関する適切な説明については必ずしも一様のものではなく、取引の内容や分量に応じて行うことが想定されます。よって、たとえば一定の説明用の資料を交付し、あるいは商品のパンフレット等を交付す

ることも考えられますし、これに加えて個別で説明をすることも考えられます。金融機関においては、一律に対応をとることは不要であるとしても、相続が発生した場合と同様に、後任の受託者に対して適切な対応をとることになるものと思われます。

第4節

融資取引

Q 83 民事信託の受託者による借入れについて教えてください。

■■ 解　説 ■■

受託者借入れの意義とスキーム

　民事信託では、たとえば、受託者が借入れを行って信託財産である土地の上に建物を建てるといった、受託者名義での借入れ（金融機関による貸出し）のニーズがあることがあります。

　この場合、金融機関としては、借入れが信託目的や受託者の権限（法26条）との関係で問題なく、かつ、与信上も貸出可能なのであれば、生じうるリスク等を考慮しつつ、借入れの申し出に応じることも考えられます。

　借入れの方法ですが、新たに受託者が借り入れる方法や、すでに委託者が行っている借入れについて債務引受の方法により受託者が債務を承継する方法、委託者による他金融機関の既存借入れについて借換をしたうえで受託者が債務引受をする方法等、さまざまな方法が考えられます。

　それぞれのスキームに応じて、また、取得する担保・保証やその取得の仕方等に応じて、どのような権利義務の移転が生じるか、どのような契約書を取り交わす必要があるのかが異なるため、状況に応じた提案が必要となります。

受託者借入れのメリット

　受託者が借入れを行うことにより、信託財産に土地しかない場合であっても建物を建築して収益を上げることが可能となり、受益者の生活支援のバリエーションが広がります。また、建物の評価額により、借入額が建物の評価額を上回れば一定の節税につながることも考えられます。これらについては信託の活用がなくても可能ですが、信託の活用によれば委託者兼受益者の意思能力の減退に備えることができるという点が借入れの際にもあらわれます。

　たとえば、建物の建築に要する期間等の関係で借入れの時期が一定程度先になる場合、もしも委託者兼受益者がそれまでに意思能力を喪失していると、信託の活用がなければ借入れができない（借入れをするためには成年後見人の選任等が必要になり、相当の期間を要する）のに対し、信託を活用していれば受託者が借入人となるため、委託者兼受益者の意思能力の減退にかかわらず借入れをすることができるといったメリットがあります。

　ただし、この場合においても、委託者兼受益者を保証人としようとする場合には、事前に保証予約をする等の工夫をする必要があるので、貸出条件等との関係で委託者兼受益者の意思能力が減退しても問題なく貸出実行可能な対応ができているかについては十分に注意する必要があります。

Q 84 民事信託の受託者による借入れの際の留意事項について教えてください。

■■ 解 説 ■■

 引当てとする財産の範囲と保証

　民事信託の受託者による借入れの際には、通常の貸出しの場合と異なる注意点が何点かあります。

　具体的には、まず、信用面での判断にあたって、委託者や受益者の財産を引当てとすべきかどうかという問題があります。

　信託において借入れをすることを望んでいるのは委託者であり、これにより利益を受けるのは受益者であるから、借入人である受託者以外の委託者や受益者についても、その財産を借入れの引当てとすべきではないかという考え方です。仮に引当てとすべきと判断した場合には、当初の委託者・受益者だけでよいのか、その後の承継者（その可能性がある者）も含めるのか、連帯保証人とする場合には過剰な要請ではないか等、さらに検討することになります。特に委託者の地位の承継（法146条1項。Q 38）について定めがある場合、遺言代用信託（法90条。Q 32）や後継ぎ遺贈型受益者連続信託（法91条。Q 33）である場合には、将来的に誰が委託者、受益者となりうるのかについて確認する必要があります。

　また、そのような信託でなくても当初の委託者兼受益者の死亡により信託が終了しない場合には、受益権が相続により承継取得されるため、受益権の取得が想定される相続人・受遺者の範囲や、これらの者を連帯保証人とするかどうかについての検討が必要となります。連帯保証人となることを要請しない場合には、委託者や受益者との合意に基づく費用償還等（法48条5項）の要否についても検討することになります（逆に連帯保証人

とする場合はこれらの不行使を定めることも有用です)。

なお、そもそも信託債権に関しては受託者の固有財産も引当てとなるものですが、受託者がそれを認識していないと（法律上請求できるとしても）トラブルとなる可能性があります。よって、信託法上当然に可能な権利・義務についても、必要に応じて契約書上での記載を行う等して、認識の齟齬が生じないようにすることが肝要です。

 受託者借入れと担保

受託者に対する貸出しの際にも担保を求めることは当然考えられますが、その範囲については検討が必要です。

不動産担保貸出しであれば不動産を担保とすることが想定されますが、それ以外の信託財産を担保とするかどうかは、通常の貸出しと同様、過剰な担保とならないように配慮しつつ検討することになります。受託者に対する貸出しに関して担保を要求する場合の担保権の設定方法は、信託財産であるか否かにより大きく変わることはありません。

一方で、不動産の賃料や株式の配当等、信託において一定の収益があがる場合、これらは普通預金に入金がされるのが一般的ですが、普通預金に対して担保権を設定することは通常困難です。通常の事業性ローンでは日常生活に伴う支出まで制限をすることはないものと考えられますが、信託においては受益者の生活支援の名のもとに通常日常生活で必要となる金銭以上の金銭が受益者に交付されると、（受益者を連帯保証人にとる等していない限り）当該金銭については借入金返済の引当てから外れてしまい、与信状況が悪化してしまいます。

このような問題が生じるのを防ぐべく、信託契約において、配当を合理的な範囲で制限する、あるいは一定の金銭の積立てをする旨の規定をおくことが考えられます。受益者への金銭の流出とは異なりますが、自金融機関からの借入れ以外の受託者による信託財産責任負担債務となる（信託財産を引当てとする）金銭の借入れの禁止について規定することも考えられ

ます。

信託契約と金銭消費貸借契約

　以上のように、民事信託の受託者による借入れの際にはさまざまな留意事項がありますが、民事信託の受託者による借入れに関しては委託者と受託者の間で締結する信託契約、受託者と金融機関の間で締結する金銭消費貸借契約をはじめとして、当事者の異なる複数の契約を締結することになります。

　金融機関としては、信託契約については当事者にならないものではあるものの重要であるため、内容について上記の観点等から慎重に確認する必要があります。また、信託の変更・終了に関し一定の制限を置く等して、金融機関が知らないうちに信託の変更・終了がなされることがないように工夫をする必要があります。

　また、信託契約と金銭消費貸借契約のつながりについても留意する必要があります。たとえば、金銭消費貸借契約において信託契約を特定する、あるいは信託契約に違反があった場合を期限の利益喪失条項として事項を定めるといったことが考えられます。

Q 85　民事信託の受託者による借入期間中の留意事項について教えてください。

■■ 解　説 ■■

受託者変更時の取り扱い

　民事信託においては、受託者が死亡したとしても受託者死亡を信託の終了事由としていない限り信託は終了しません（法163条参照）。この場合、受託者の任務が終了して（法56条1項1号）新受託者が就任することで信託が継続します（新受託者が1年間就任しない場合には信託は終了します。法163条3号）。

　それ以外にも受託者の任務終了事由（法56条1項）が生じた場合には受託者が変更となるため、金融機関としては、借入人の変更が生じるものとして取り扱う必要があります。

　受託者が変更した場合、新受託者の就任により、新受託者は、前受託者の任務終了時に、信託に関する権利義務を承継したものとみなされ（法75条1項）、前受託者は、原則として自己の固有財産によりその承継された債務を履行する責任を負い（法76条1項）、新受託者は、信託財産の限度においてのみその履行責任を負います（同条2項。以上、詳細はQ28）。

　よって、一時的に前受託者の固有財産と新受託者の信託財産が連帯して責任を負う、連帯債務の状態になります。借入名義については連帯債務の場合における各金融期間の取扱いによることになります。一方で、たとえば前受託者死亡による受託者の任務終了の場合には、原則として前受託者の法定相続人が法定相続割合で債務を承継し、その各相続人と新受託者（の信託財産）の間で連帯債務の状態が生じることとなり、時効管理等の

債権管理が非常に複雑になります（これは、連帯債務について相続が生じた場合とほぼ同様です）。

よって、貸出しを行っている金融機関としては、連帯債務者の相続の場合に準じて、（免責的）債務引受と免責された者（の全部または一部）の連帯保証人への追加等、速やかに必要十分な措置をとることにより、債権の保全を図る必要があります。

新受託者については、前受託者との関係によりますが、民事信託であれば親族である等、何らかの関係を有するのが通常です。よって、上記の債務引受の過程で、前受託者の相続人を免責したうえで、新受託者について（信託財産のみならず）固有財産でも弁済する責任を負うようにすることが考えられます（あわせて、前受託者の相続人を連帯保証人とすることも考えられます）。少なくとも金融機関としては新受託者の固有財産責任負担債務とすることが望まれ、もしかかる状況における円滑な対応の困難（新受託者による固有財産での負担の拒否）が信託設定時に懸念される場合には、新受託者を前受託者による借入時に連帯保証人とする対応も考えられます。

受益者・帰属権利者変更時の取扱い

信託期間中、信託契約の定め等により、受益者や帰属権利者が変更されることがありますが、受益者や帰属権利者の変更があったとしても、金融機関とこれらの者との間に直接の債権債務関係（連帯保証・連帯債務等）がなければ、債務の承継に関する問題は起きません。一方で、特に当初受益者についてはこれを連帯保証人とすることも多いと思いますので、このような場合には、債務承継に関してどのようにするか検討する必要があります。その変更の態様に応じて、大きく2つに分けた対応が考えられますので、以下検討します。

1つは、受益者の死亡により共同相続人に受益権が相続される場合です。この場合、当初受益者が連帯保証人となっていれば、受益権の相続に

よる承継と同時に受益権を相続するであろう法定相続人等に連帯保証債務も承継されることになります。

金融機関としては、この連帯保証債務について誰が承継するのかを、受益権を（遺産分割等により）誰が承継するのかとあわせて確認し、債務引受けを要請することになります。

通常であれば一般的なアパートローンの相続と同様に、受益者の法定相続人等はかかる要請に応じるものと思われますが、もしも、受託者が信託事務を行っており、受益者は利益を享受している立場にすぎない（よって債務を1人に負わせる理由はない）として、債務引受けを拒否された場合には、連帯保証債務が分割されたものとして債権管理をする必要があります。なお、帰属権利者の定めが受益権に紐付けられている場合も対応は変わりません。

次に、遺言代用信託や後継ぎ遺贈型受益者連続信託の場合です。この場合、受益者が死亡すると、新たな受益者は受益権を原始取得するため、当初受益者が連帯保証人となっていたとしても、その承継と受益権の移転は別でなされることになります。よって、このような場合には、受益権を取得することが想定される者について予め連帯保証とすることが考えられます。

しかしながら、特に後継ぎ遺贈型の受益者連続信託の場合には、未成年者や未だ生まれていない者を後の受益者として規定すること、受益者変更権（Q31）の行使の余地があるものや、途中までは受益者の指定をしつつ、その後は受益者を指定せずに承継取得に切り替わるものもあるため、すべての者を連帯保証人とすることが困難なものもあり、連帯保証人とすべき者の範囲については個別に検討する必要があります。

その他

信託については、委託者と受益者の合意により、信託を終了させ（法164条1項。Q42）、あるいは受託者を解任する（法58条1項。Q27）

ことができます。これらについては、いずれも信託契約等による制限を行うことは可能ですが（法164条3項・58条3項）、逆にいえば具体的な制限を置かなければ信託契約等に何らの規定がなくても終了、解任が可能です。

　受託者に貸出しを行っている金融機関としては、自身の想定しないところで信託が終了したり、受託者が変更されたりすることは避ける必要があります。よって、信託契約においてこれらを制限する規定を設けるとともに、受託者の合意があったとしても信託の終了や受託者の変更がなされることがないようにする必要があります。

　信託の変更については、原則として、委託者、受託者および受益者の合意が必要となります（法149条。Q39）。一方で、これらの者の合意により変更がなされ、たとえば上記の信託の終了、受託者の解任に関する事項の変更等、貸出しを行っている金融機関にとって重要な事項が金融機関の知らないところで変更されることは防ぐ必要があることから、これを制限すべく、信託の変更には金融機関の同意を要する旨の条項を設ける等の対応をとる必要があります。

Q 86　民事信託の終了時の受託者による借入れの取扱いについて教えてください。

■■ 解 説 ■■

　信託の清算では、信託で負担する債務等を清算し、受益者および帰属権利者に対して残余財産を交付します（Q 43）。

　信託終了以後の受託者である清算受託者は、信託債権に係る債務の弁済を行うことが職務とされており（法177条2号後段）、これを終えるまでは清算が結了せず、信託は存続するため（法176条参照）、信託で負担する債務をそのまま帰属権利者に移転させることは原則としてできません。信託で負担する債務を帰属権利者に移転させるためには、免責的債務引受等の方法による必要があるため、金融機関等の債権者の同意が必要となります。これは、信託契約等において信託で負担する債務をそのまま帰属権利者に移転させる旨の規定がある場合であっても変わらず、このような規定が設けられている信託契約もありますが、あくまで債権者の同意があってはじめてこれを実現することが可能となるものです。

　民事信託においては、当初委託者死亡により信託が終了する旨の定めがある信託と、後継ぎ遺贈型の受益者連続信託のように、受益権を順次取得する旨の定めがある信託に大別されます。金融機関としては、まず、貸出期間との関係で、信託の終了や受託者の変更による借入人の変更の可能性（懸定）について検討し、そのシナリオについて（借入人の変更が生じることについて）問題がないのかを検証するとともに、シナリオに応じた保全を貸出当初にすることになります。

　ここで、そもそも、貸出期間中に信託が終了することの適否について検討する必要があります。委託者死亡により信託が終了する旨の定めのある信託では、帰属権利者が（当初委託者の子である）受託者とされることも多く、このような場合には貸出しに係る債務がすでに受託者の固有財産責

任負担債務にもなっていることから、貸出期間中に信託が終了したとしても、債務承継について特段問題がないといいやすいでしょう。

　逆に、後継ぎ遺贈型受益者連続信託では、貸出期間中に信託が終了すると、帰属権利者が誰になるのかが不明確な場合も多いため、このような事態は可能な限り避けるべきと考えられます。このような信託の受託者への貸出しの際には、受託者の変更を想定した債権保全をしつつ（Q84・1）、信託終了事由の定め方から貸出期間中に信託が終了しないように可能な限りの手当てをすることで、信託の終了による清算の影響を受けないようにする対応が考えられます。

第3章 民事信託と金融機関の実務対応

第5節

その他の取引

Q 87 受託者名義の取引についてその他何か取引はできるのですか。

■■ 解　説 ■■

　受託者名義での取引に関しては、基本的には信託法で制限されるものではなく、貸金庫やその他の取引を行うことも考えられます。しかしながら、実際の取引にあたっては、民事信託の信託目的や受託者の権限との関係で当該取引が可能であることが明確である必要があり、それ以外にも、金融機関の事務やシステム上の制約との関係で対応可能であることが必要となります。

　金融機関としては、受託者名義での一定の取引の要請が民事信託の受託者からあり、受け入れることとする場合には、上記の観点で取引が可能であるか、可能である場合にどのような手当てが必要かを検証のうえ、対応することが必要となります。

■■著者紹介■■

笹川　豪介（ささかわ　ごうすけ）

【略　歴】

2000年3月	筑波大学附属駒場高等学校卒業
2004年3月	慶應義塾大学総合政策学部卒業
2004年4月	中央三井信託銀行（現三井住友信託銀行）入社（現職）不動産信託部門配属
2006年4月	法務部配属（2017年4月より金融法務チーム長、2018年4月より法務チーム長）
2009年3月	筑波大学ビジネス科学研究科法曹専攻（法科大学院）卒業
2009年～	「信託法学会」会員
2011年12月	弁護士登録（新64期）
2012年～	筑波大学大学院ビジネス科学研究科法曹専攻非常勤講師（現職）
2012年	「金融法学会」会員
2014年	早稲田大学法科大学院招聘講師
2014年10月～2016年9月	岩田合同法律事務所
2016年～	京都大学非常勤講師（現職）
2017年～	信託協会　信託法制部会・信託関連法の改正に関する検討部会所属（現職）
2018年	名古屋大学招聘講師（現職）
2018年	全国銀行協会　会社法制等検討部会・銀行法務等検討部会　委員（現職）

【著　書】

『家族信託をもちいた財産の管理・承継』（共著）（清文社 2018年2月）

『ＡＩビジネスの法律実務』（共著）（日本加除出版 2017年11月）

『金融実務に役立つ　成年後見制度Ｑ＆Ａ』（編著）（経済法令研究会 2017年2月）

「信託コトハジメ1～23」（共著）（金融法務事情（連載）2015年1月25日号～2016年11月25日号）

「実務にとどく　相続の基礎と実践1～24」（金融法務事情（連載）2014年5月25日号～2016年9月25日号）

『信託法実務判例研究』（共著）（有斐閣 2015年3月）

『Ｑ＆Ａ信託業務ハンドブック［第3版］』（共著）（金融財政事情研究会 2008年5月）

他多数

Q&A　民事信託の活用と金融機関の対応

2018年7月1日　初版第1刷発行	著　　者	笹　川　豪　介
	発　行　者	金　子　幸　司
	発　行　所	㈱経済法令研究会

〒162-8421　東京都新宿区市谷本村町3-21
電話 代表 03(3267)4811　制作 03(3267)4823
https://www.khk.co.jp/

営業所／東京 03(3267)4812　大阪 06(6261)2911　名古屋 052(332)3511　福岡 092(411)0805

カバーデザイン／bookwall
制作／地切 修　印刷／富士リプロ㈱　製本／㈱ブックアート

©Gosuke Sasakawa 2018　Printed in Japan　　　　ISBN 978-4-7668-2420-9

☆　**本書の内容等に関する訂正等の情報**　☆
本書の内容等につき発行後に訂正等（誤記の修正等）の必要が生じた場合には、当社ホームページに掲載いたします。（ホームページ 書籍・定期刊行誌TOP の下部の 追補・正誤表 ）

定価はカバーに表示してあります。無断複製・転用等を禁じます。落丁・乱丁本はお取替えします。